一书读懂 游戏运营

孟凡兴　张凯　著

人民邮电出版社

北京

图书在版编目（CIP）数据

一书读懂游戏运营 / 孟凡兴，张凯著. -- 北京：人民邮电出版社, 2025. -- ISBN 978-7-115-66746-5

Ⅰ. F407.67

中国国家版本馆 CIP 数据核字第 20259G3J99 号

内 容 提 要

随着互联网的高速发展，游戏已经跃升为连接玩家的桥梁。因此，通过游戏的精细化运营来提高玩家的体验满意度和实现发行运营的目标，是游戏运营最核心的工作之一。本书是一部深度剖析游戏运营机制的力作，旨在全面揭示游戏运营的核心内容与实战技巧。

本书分为 5 个部分，共 10 章。首先，介绍游戏行业的基础知识和游戏运营的背景；其次，描述技术筹备和游戏评审环节，阐述游戏发行前的重要工作；再次，介绍游戏发行时的版本管理和本地化管理；然后，重点介绍游戏的运营方案，包括渠道运营、社区运营和活动运营；最后，概括海外发行与运营的整体内容。这些内容能够帮助读者系统地了解和掌握与游戏运营相关的知识。

本书适合游戏运营人员、发行人员参考，也适合对游戏行业感兴趣的初学者学习。

◆ 著　　孟凡兴　张　凯
　　责任编辑　单瑞婷
　　责任印制　王　郁　胡　南

◆ 人民邮电出版社出版发行　北京市丰台区成寿寺路 11 号
　　邮编　100164　电子邮件　315@ptpress.com.cn
　　网址　https://www.ptpress.com.cn
　　北京捷迅佳彩印刷有限公司印刷

◆ 开本：800×1000　1/16

印张：14.5　　　　　　　2025 年 5 月第 1 版

字数：276 千字　　　　　2025 年 6 月北京第 2 次印刷

定价：79.80 元

读者服务热线：(010)81055410　印装质量热线：(010)81055316
反盗版热线：(010)81055315

前　　言

作为较早从事游戏发行与运营的游戏人，作者亲身参与并见证了从早期代理端游，到现在移动游戏发行与运营的全过程，深知游戏运营是一个涉及多个职能部门协同合作的复杂过程。因此，作者结合多年的工作经历和多个成功项目的运营经验，将游戏运营的知识和方法总结成本书，旨在使其成为游戏运营领域的入门指南，全面而系统地介绍游戏发行与运营的体系知识。本书聚焦于手游发行与运营领域的基础概念和通用方法，旨在帮助读者掌握从理论框架到运营策略的完整解决方案，并积累可落地的实战经验。

本书分为 5 个部分，共 10 章。其中第 1 章介绍游戏的发展现状、移动游戏发展现状、移动游戏常见分类方式和移动游戏生命周期模型；第 2 章介绍游戏运营的背景，包括核心目标、核心运营指标、发行与运营流程和运营架构等；第 3 章介绍游戏发行前必做的技术筹备；第 4 章介绍游戏发行前的游戏评审；第 5 章和第 6 章介绍游戏项目管理，包含版本管理和代理游戏的本地化管理工作；第 7 章至第 9 章分别介绍游戏的渠道运营、社区运营和活动运营，即从找到用户、留住用户和商业化变现这 3 个方面，系统化阐述游戏运营的核心方案；第 10 章介绍目前国内游戏发行与运营的趋势，即游戏出海，通过对海外市场现状、发行模式、合规政策、版本管理、本地化管理、运营方案的介绍，阐述当前游戏出海的关键内容。

在撰写本书的过程中，作者竭尽全力确保内容的完整性和准确性。然而，鉴于作者能力有限，书中仍可能存有疏漏和不足之处。作者诚恳地请求读者不吝赐教，提出宝贵的意见与建议。

孟凡兴　张凯

2024 年 8 月

目 录

第 1 部分　游戏运营的基础

第 1 章　游戏行业的基础知识 ··· 2
1.1　游戏的发展现状 ··· 3
- 1.1.1　游戏的发展历程 ··· 3
- 1.1.2　国内游戏用户规模 ··· 5
- 1.1.3　国内游戏市场规模 ··· 5
- 1.1.4　国内自研游戏市场规模 ··· 6
- 1.1.5　自研游戏出海市场规模 ··· 7
- 1.1.6　细分类型市场规模占比 ··· 7

1.2　移动游戏发展现状 ··· 8
- 1.2.1　移动游戏国内现状 ··· 8
- 1.2.2　移动游戏出海现状 ··· 10

1.3　移动游戏常见分类方式 ··· 11
- 1.3.1　按题材分类 ··· 11
- 1.3.2　按玩法分类 ··· 13

1.4　移动游戏生命周期模型 ··· 14
- 1.4.1　强运营周期模型 ··· 15
- 1.4.2　轻运营周期模型 ··· 15
- 1.4.3　渐进式周期模型 ··· 16
- 1.4.4　泡沫式周期模型 ··· 17

1.5　小结 ··· 18

第 2 章　游戏运营的背景 ··· 19
2.1　核心目标 ··· 19
2.2　核心运营指标 ··· 20

目录

2.2.1 用户获取维度 21
2.2.2 活跃与留存维度 22
2.2.3 付费维度 24
2.3 发行与运营流程 25
2.4 运营架构 26
2.5 小结 28

第 2 部分 游戏发行前的重要工作

第 3 章 技术筹备 30
3.1 接入清单 30
  3.1.1 组件清单 30
  3.1.2 工具清单 31
3.2 接入流程 32
  3.2.1 接入节奏 32
  3.2.2 接入方案 33
3.3 运营组件 34
  3.3.1 登录组件 34
  3.3.2 安全组件 34
  3.3.3 支付组件 35
  3.3.4 数据接口组件 36
  3.3.5 数据日志组件 37
  3.3.6 性能监控组件 37
  3.3.7 防沉迷组件 38
  3.3.8 平台能力组件 39
  3.3.9 辅助功能组件 39
3.4 运营工具 39
  3.4.1 经营分析系统 39
  3.4.2 业务受理系统 40
  3.4.3 消息推送系统 41
  3.4.4 活动运营系统 42
  3.4.5 功能配置系统 42
3.5 小结 43

第 4 章　游戏评审 ·· 44

- 4.1　评审流程及要点 ·· 44
- 4.2　运营红线评审 ··· 45
  - 4.2.1　内容合规 ·· 46
  - 4.2.2　隐私条款 ·· 46
  - 4.2.3　游戏健康 ·· 48
- 4.3　市场评估 ·· 48
- 4.4　游戏内容评审 ··· 49
  - 4.4.1　策划维度 ·· 50
  - 4.4.2　美术维度 ·· 50
  - 4.4.3　音频维度 ·· 51
- 4.5　技术性能评审 ··· 51
  - 4.5.1　客户端性能 ·· 52
  - 4.5.2　服务器性能 ·· 53
  - 4.5.3　安全架构 ·· 54
  - 4.5.4　运维能力 ·· 55
- 4.6　小结 ··· 56

第 3 部分　游戏项目管理

第 5 章　版本管理 ·· 58

- 5.1　核心目标 ·· 59
- 5.2　版本管理规范 ··· 60
  - 5.2.1　工作群管理规范 ··· 60
  - 5.2.2　版本号管理规范 ··· 61
  - 5.2.3　服务器部署规范 ··· 63
  - 5.2.4　测试 bug 提交规范 ···································· 63
  - 5.2.5　版本交付规范 ·· 64
- 5.3　版本日程管理 ··· 67
  - 5.3.1　年度目标拆解 ·· 67
  - 5.3.2　工作项细节管理 ··· 68
  - 5.3.3　日程排期 ·· 69

5.4 新游前期接入 · 70
5.4.1 基础组件接入 · 71
5.4.2 合规接入 · 71
5.4.3 运营工具接入 · 72
5.5 版本日常迭代 · 72
5.5.1 需求收集 · 72
5.5.2 研发管理 · 73
5.5.3 测试管理 · 76
5.5.4 发布流程 · 82
5.5.5 质量评估 · 86
5.5.6 总结沉淀 · 88
5.6 小结 · 88

第 6 章 本地化管理 · 89
6.1 核心价值与目标 · 89
6.1.1 内容合规化 · 90
6.1.2 基础质量内容 · 91
6.1.3 高质量内容 · 93
6.2 工作流程 · 95
6.3 衡量标准 · 96
6.3.1 内容质量 · 96
6.3.2 测试反馈 · 97
6.3.3 用户反馈 · 98
6.4 本地化方案 · 99
6.4.1 对接研发人员及发行项目组 · 99
6.4.2 管理外包译员 · 100
6.4.3 管理配音 · 101
6.5 小结 · 102

第 4 部分 游戏的运营方案

第 7 章 渠道运营 · 104
7.1 渠道运营的背景 · 104

		7.1.1 渠道的定义	104
		7.1.2 渠道的发展历程	104
	7.2	主流渠道	105
		7.2.1 渠道的分类	105
		7.2.2 渠道的特点	106
	7.3	渠道运营的3个阶段	108
		7.3.1 筹备期	108
		7.3.2 上线期	109
		7.3.3 运营期	110
	7.4	渠道素材运营	111
		7.4.1 素材需求分析	112
		7.4.2 素材创作	113
		7.4.3 素材效果分析	114
		7.4.4 素材自动化管理	115
	7.5	渠道运营方案	116
		7.5.1 渠道联运	117
		7.5.2 平台买量	121
		7.5.3 SEO/ASO	125
		7.5.4 社交传播	130
		7.5.5 其他方案	132
	7.6	小结	132

第8章 社区运营   134

	8.1	社区运营的背景	134
		8.1.1 社区的定义	134
		8.1.2 内容的定义	135
	8.2	社区运营的价值	136
		8.2.1 对游戏的价值	136
		8.2.2 对玩家的价值	138
	8.3	社区平台介绍	139
		8.3.1 主流社区平台的分类	139
		8.3.2 主流社区平台的特点	140
		8.3.3 社区平台的运营节奏	140

8.4 社区运营方案 141
8.4.1 社区氛围建设 143
8.4.2 社区用户运营 144
8.4.3 社区内容运营 149
8.4.4 社区活动运营 154
8.5 社群运营方案 159
8.5.1 社群的搭建 161
8.5.2 社群的管理 162
8.5.3 社群运营的工具 163
8.5.4 社群运营的内容 164
8.5.5 社群运营的效果 164
8.6 小结 165

第9章 活动运营 166
9.1 活动运营背景 166
9.1.1 活动运营目标 166
9.1.2 常见活动类型 167
9.2 活动策划方案 169
9.2.1 用户分级思考 169
9.2.2 活动策划思考 171
9.2.3 活动策划要素 171
9.3 拉新活动运营 175
9.3.1 设计方案 175
9.3.2 游戏内拉新活动 175
9.3.3 游戏外拉新活动 178
9.4 留存活动运营 180
9.4.1 设计方案 180
9.4.2 拉留存活动 180
9.4.3 拉回流活动 183
9.5 活跃活动运营 186
9.5.1 设计方案 186
9.5.2 成长型活动 186
9.5.3 玩法补充活动 189

9.6 商业化活动运营 ··· 190
9.6.1 商业化活动背景 ··· 190
9.6.2 设计方案 ··· 191
9.6.3 充值型活动 ··· 192
9.6.4 消耗型活动 ··· 198
9.6.5 战斗通行证活动 ··· 201
9.7 节点主题活动运营 ··· 202
9.7.1 新版本活动 ··· 202
9.7.2 周年庆活动 ··· 203
9.7.3 节日活动 ··· 204
9.8 小结 ··· 204

第 5 部分　游戏出海

第 10 章 海外发行与运营 ··· 206
10.1 海外市场现状 ··· 206
10.1.1 市场规模 ··· 206
10.1.2 区域划分 ··· 207
10.1.3 用户偏好 ··· 208
10.2 海外发行模式 ··· 208
10.3 海外合规政策 ··· 209
10.4 海外版本管理 ··· 210
10.5 海外本地化管理 ··· 211
10.5.1 核心内容 ··· 212
10.5.2 避坑指南 ··· 213
10.6 海外运营方案 ··· 214
10.6.1 海外用户运营 ··· 214
10.6.2 海外渠道运营 ··· 215
10.6.3 海外社区运营 ··· 216
10.6.4 海外活动运营 ··· 219
10.7 小结 ··· 220

第 1 部分

游戏运营的基础

第 1 章　游戏行业的基础知识

第 2 章　游戏运营的背景

第 1 章
游戏行业的基础知识

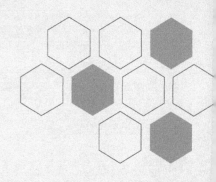

　　随着互联网的高速发展和人们对娱乐生活需求的不断增长,游戏产业已经成为发展最快、最具创新力的文化产业之一。《2024 年中国游戏产业报告》中的数据显示,中国游戏用户规模约为 6.74 亿人,市场规模约为 3257.83 亿元。由此可见,游戏已经深入渗透到大众的日常生活中。

　　游戏的本质是满足人民群众的精神文化需求,鉴于其庞大的用户规模,游戏的内容建设对于国家的文化建设非常重要,其行业发展也受到国家层面的高度重视。我国游戏行业始终坚持将社会效益放在首位,坚守正确的价值导向,并重视社会的基础文化属性建设,同时不断致力于创作高质量的游戏内容。游戏行业在保护未成年人方面做出了显著努力,其研究技术也对国家前沿技术的发展做出了贡献。此外,游戏通过其题材和内容,致力于推广中国优秀文化,并推动中国优秀文化走向世界。这些行动不仅为游戏行业指明了未来的发展方向,也体现了该行业始终坚持积极践行社会责任的坚定决心。

　　游戏行业的发展非常迅速,游戏对人民精神文化建设的影响也日益显著,因此,游戏运营商也要不断地创新,通过积极向上的品牌形象、优质的游戏内容、正确的玩法引导和合理的商业化手段,推动游戏行业的健康发展。

　　在阐述游戏运营背景前,本章重点介绍游戏的发展现状、移动游戏发展现状、移动游戏常见分类方式和移动游戏生命周期模型等基础知识,帮助读者了解游戏行业的背景。

1.1 游戏的发展现状

游戏行业经历了数十年的爆发式增长，已经超越其原本的范畴，逐渐演变成一种文化内容的传播媒介，成为大众生活中的重要组成部分。

下文将首先回顾游戏的发展历程，简要梳理出数十年来游戏发展的里程碑。随后，再通过对游戏行业现状的介绍，进一步阐述当下游戏行业的市场规模。

1.1.1 游戏的发展历程

经过数十年的发展变迁，游戏行业已经从最初的单机游戏，逐步经历游戏机、PC端网络游戏、移动游戏、AR游戏，直至如今的云游戏等多个阶段，实现了持续的扩张与成长。在此过程中，每个阶段都涌现出很多经典的作品。下文将集中探讨游戏行业关键的时间节点和标志性事件，图1.1展示了游戏行业的关键时间节点和标志性事件。

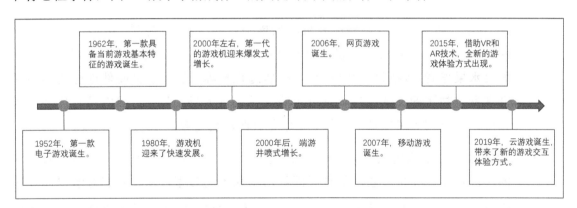

图 1.1　游戏行业的关键时间节点和标志性事件

- 1952 年，剑桥大学的计算机科学家 A.S. Douglas 开发出第一款电子游戏 *Noughts & Crosses*，即"井字游戏"。

- 1962 年，Steve Russell 和他的几位同学开发出了具备当前游戏基本特征的第一款电子游戏 *Spacewar!*。

- 1980 年，游戏机迎来了快速发展。1985 年推出的《俄罗斯方块》与《超级马力欧兄弟》等游戏，开始出现在人们的生活中，直到 1994 年，暴雪推出的战略游戏《魔兽争霸：人类与兽人》风靡全球。

- 2000年左右，新一代的游戏机迎来爆发式增长，其中索尼的PlayStation 2和微软的Xbox主机风靡全球。随后，2004年，索尼推出的PSP和任天堂推出的NDS游戏机均成为当年的销售冠军。

- 2000年后，计算机硬件的快速发展和个人计算机的普及催生了PC端网络游戏（简称端游）的黄金时代。从《传奇》开始，一大批网络游戏如雨后春笋般涌现。国内各大厂商不仅代理了海外游戏，也逐步加大了对自研游戏的投入。此后的几年，相继出现《梦幻西游》《劲舞团》《诛仙》《天龙八部》《地下城与勇士》《征途》《泡泡堂》《跑跑卡丁车》和《英雄联盟》等经典端游。

- 2006年，随着Web技术的日益成熟，网页游戏（简称页游）诞生。由于其制作成本比端游低，因此很多网页游戏相继出现，例如《热血三国》《仙域》《七雄争霸》等。

- 2007年，随着移动互联网的发展和智能手机的普及，尤其是iPhone的推出，移动游戏诞生并迎来了高速发展的契机。早期的移动游戏以休闲游戏为主，例如《水果忍者》《植物大战僵尸》《神庙逃亡》等。随着手机硬件性能的不断提升和网络技术的飞速发展，重度游戏开始相继入场，其中，国内具有代表性的重度游戏是《王者荣耀》，其火爆程度一直延续至今。

- 2015年，是虚拟现实（VR）和增强现实（AR）技术的爆发之年。伴随着技术的不断进步，游戏行业在平台层面经历了显著的转型，同时人们对游戏体验的需求也在持续增长。例如2016年推出的 *Pokémon Go* 借助AR技术，为玩家们带来了全新的沉浸式游戏体验。

- 2019年，随着云计算技术的日趋成熟，诸多行业纷纷迎接云的浪潮。云游戏作为这一技术变革的代表，实现了通过云端服务器进行游戏的流式传输和播放，从而免除了用户在本地设备上配置高性能硬件的需求。这使得玩家能够在多种设备上体验高质量的游戏内容，包括那些对硬件配置要求较高的游戏。云游戏的兴起和发展，不仅为游戏行业带来了新的商业模式，也极大地改变了用户的游戏体验和消费习惯。

技术的发展还在继续，用户的体验也在逐步提升，未来的游戏行业不仅仅是一个行业，更像一门艺术，将成为生活中不可或缺的娱乐活动。

下文通过实际的市场数据描述当下国内游戏整体市场的发展现状。其中部分核心数据来源于《2024 年中国游戏产业报告》。

1.1.2　国内游戏用户规模

国内游戏用户规模经过了数十年的快速增长，在 2018 年达到 6.26 亿人，而后增长放缓。截至 2024 年，用户规模稳定在 6.74 亿人。2014～2024 年国内游戏用户规模如图 1.2 所示。

图 1.2　2014～2024 年国内游戏用户规模

1.1.3　国内游戏市场规模

国内游戏（包括代理游戏、自研游戏）市场规模在 2021 年达到阶段性峰值 2965.13 亿元。2022 年因宏观因素等影响，市场规模为 2658.84 亿元。随后，市场规模在 2023 年突破了 3000 亿元大关，达到 3029.64 亿元。2024 年的市场规模达到 3257.83 亿元，再创新高。2014～2024 年国内游戏市场规模如图 1.3 所示。

第1章 游戏行业的基础知识

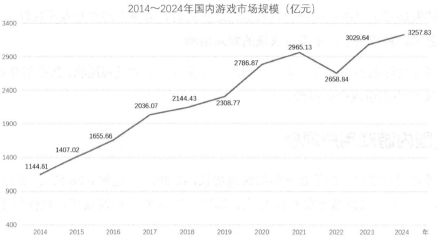

图 1.3 2014～2024 年国内游戏市场规模

1.1.4 国内自研游戏市场规模

在 2014 年以前，国内游戏市场规模中代理海外游戏的占比较高。但在 2014 年，自研游戏收入占比达 63.5%。此后，随着移动游戏的爆发式增长，国内自研游戏收入占比总体呈升高趋势，直到 2021 年占比达到了 86.3%。2024 年，自研游戏收入占比达 80.0%，主要是受到海外新品爆发、市场竞争加剧和研发及获客成本持续攀升的影响。2014～2024 年国内自研游戏市场规模和自研游戏收入占比如图 1.4 所示。

图 1.4 2014～2024 年国内自研游戏市场规模和自研游戏收入占比

1.1.5 自研游戏出海市场规模

受宏观因素影响，在国家政策扶持、国内技术成熟，以及海外市场拓展等因素的驱动下，全民游戏出海的热潮已经形成。从 2014 年自研游戏出海市场规模只有 30.76 亿美元，到 2021 年自研游戏出海市场规模达到 180.13 亿美元，自研游戏出海市场规模增长至原来的 6 倍。2014~2024 年自研游戏出海市场规模如图 1.5 所示。

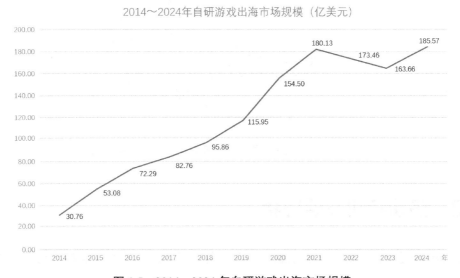

图 1.5　2014~2024 年自研游戏出海市场规模

目前，自研游戏出海市场规模约占市场整体的 47%（此数据会因汇率的波动而变化），且呈现不断增长的趋势。在 2022 年和 2023 年，游戏市场受到大环境的影响，出海和整体市场规模都有所下滑。2024 年，自研游戏出海市场规模升至 185.57 亿美元，再创新高。依据发展趋势，预计自研游戏的出海市场规模还会持续增长。

1.1.6 细分类型市场规模占比

从国内游戏市场规模来看，移动游戏的市场规模占比高达 73.12%，且目前还呈现继续增长的趋势。其次是端游，一些经典端游的市场规模仍然比较稳定。页游曾经发展得很快，但目前其市场规模占比已经很小。2024 年国内游戏细分类型市场规模占比如图 1.6 所示。

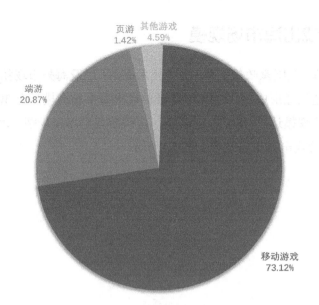

图 1.6　2024 年国内游戏细分类型市场规模占比

1.2 移动游戏发展现状

移动游戏泛指在手机、平板电脑等移动设备上运行的游戏。随着移动设备的普及和网络技术的发展，目前游戏的市场规模主要依赖移动游戏，而移动游戏的主要运营场景则集中在手机上。

下面的内容将基于前述的国内游戏发展现状的数据，聚焦于移动游戏的现状，进一步介绍当前游戏市场的整体规模。

1.2.1 移动游戏国内现状

移动游戏目前已经成为游戏市场的主流。下文主要从国内用户规模和市场规模两方面，集中阐述当下移动游戏的市场现状。

1. 用户规模

从用户规模上来说，2024 年移动游戏用户占国内游戏用户的 98.4%，即端游、页游等游戏的用户几乎都会玩移动游戏。由于移动游戏的核心是手机游戏，因此这也意味着几乎

98.4%的游戏用户都玩手机游戏。2024年，国内移动游戏用户规模达到了历史新高点。2014~2024年国内移动游戏用户规模及其占比如图1.7所示。

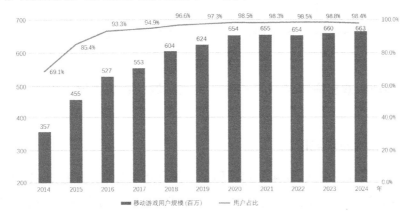

图1.7　2014~2024年国内移动游戏用户规模及其占比

2. 市场规模

移动游戏的快速崛起始于2014年，自此市场规模便迅猛增长，并在2021年达到了阶段性高峰，其市场规模占整个游戏行业总额的76.1%。但在2022年，受到宏观环境等因素的影响，移动游戏市场规模占比略有下降，占整体的72.6%。2024年，移动游戏市场规模占比达73.1%。总体来说，移动游戏依然是市场的主流。2014~2024年国内移动游戏市场规模及其占比如图1.8所示。

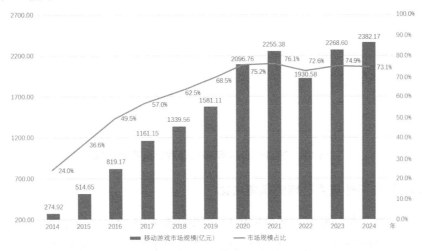

图1.8　2014~2024年国内移动游戏市场规模及其占比

1.2.2 移动游戏出海现状

经过十多年的迅猛发展，我国移动游戏市场面临国内流量红利逐渐减弱的挑战。受政策扶持及海外市场拓展等多重因素影响，游戏海外发行已成为我国游戏产业发展的必然趋势。

下文通过移动游戏出海市场规模和海外重点区域的销售占比，来阐述移动游戏出海的现状。

1. 移动游戏出海市场规模

移动游戏出海市场规模从 2014 年起经历了一段高速增长期，直到 2021 年，市场规模达到了 137 亿美元，增长至原来的 20 倍。2024 年，移动游戏出海市场规模约占移动游戏整体市场规模的 41%，预计未来也将呈现持续增长的趋势。2014～2024 年移动游戏出海市场规模如图 1.9 所示。

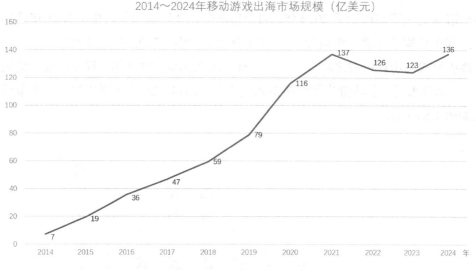

图 1.9　2014～2024 年移动游戏出海市场规模

2. 移动游戏在海外重点区域的销售占比

2024 年移动游戏在海外重点区域的销售占比如图 1.10 所示。通过数据可以看到，美国市场以 31.06% 的占比居于首位；排在第二位的是日本市场，占比为 17.32%；韩国市场则以

8.89%的占比排在第三位。移动游戏在美国、日本和韩国这三个国家的销售占比合计高达57.27%，说明这三个国家是当下最热门的游戏出海市场。此外，移动游戏在处于第二梯队的德国、英国和加拿大的销售占比合计达 8.47%，所以这三个国家也是目前很多游戏厂商正在发力的市场。

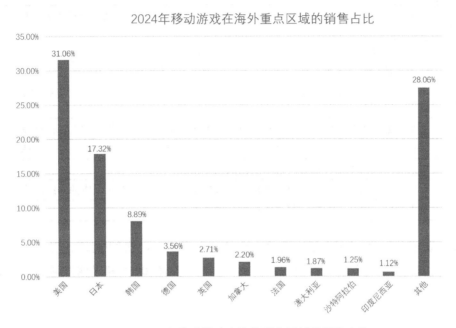

图 1.10 2024 年移动游戏在海外重点区域的销售占比

1.3 移动游戏常见分类方式

在不同的场景下，移动游戏有不同的分类方法和表达形式。其分类依据包括但不限于题材、玩法、IP（知识产权）来源、终端展示方式、创作性质、人数规模等。

本节主要从两个核心的维度对常见的移动游戏进行分类，分别是按照题材和玩法分类。

1.3.1 按题材分类

移动游戏的题材非常丰富。综合分析市场规模排名前 100 的游戏的题材，可将移动游戏分为表 1.1 所示的常见类型。其中玄幻、魔幻、现代、文化融合已经成为主流的游戏类型。

表 1.1 按题材分类的常见游戏类型

类型名称	类型概要
玄幻	以东方神话为基础、融入奇幻题材的网络游戏
魔幻	以西方神话元素为主，结合现实和幻想等创新的网络游戏
现代	以现代的现实为基础，例如职场、都市、校园等，通过模拟现实进行二次创作的网络游戏
文化融合	以大量的文化元素，包括但不限于传统服饰、建筑、音乐、文学作品等为基础创新的网络游戏
神话/传说	以神话故事为背景，通过精美的画面、酷炫的战斗特效进行创新的网络游戏
历史	以人类社会过去客观存在的事件为基础，通过二次创新形成的网络游戏
弱题材	不会有太多的情景与故事情节，不靠剧情发展推动游戏，而是聚焦于竞技水平，包括反应速度等的游戏
科幻	基于幻想的方式描述科学技术的新发现、新构成、新成就等元素，并以此进行创新的网络游戏
体育	以体育运动为主题进行二次创新的网络游戏，涉及篮球、足球、乒乓球、网球等主题
动漫改编	以同名动漫为主题，重构角色与剧情的网络游戏
武侠	以侠客为故事主角，通过对武术技巧、技能等进行二次创作而形成的网络游戏
其他类型	推理悬疑、棋牌、模拟、穿越等更细分的类型

从市场规模来分析，2024 年排名前 100 的移动游戏中，玄幻/魔幻、现代、文化融合的题材类型占了 61.23%的市场份额。2024 年市场规模排名前 100 的移动游戏题材占比如图 1.11 所示。

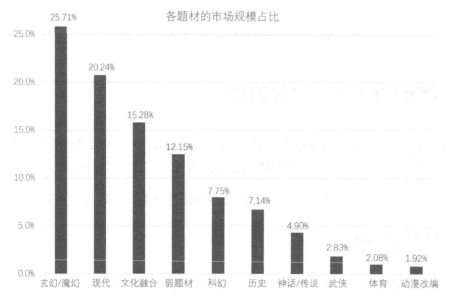

图 1.11 2024 年市场规模排名前 100 的移动游戏题材占比

1.3.2 按玩法分类

以玩法对游戏进行分类，是当今业界普遍采用的主流方式。玩法标签也成为用户在游戏交流中的常用术语，典型的例子包括角色扮演游戏（RPG）、战略模拟游戏（SLG）等。

市场上的游戏按照玩法可以有多种不同的分类和命名方式。表 1.2 所示是按玩法分类的常见游戏类型。

表 1.2　按玩法分类的常见游戏类型

类型名称	类型概要	游戏案例
角色扮演类（APRG/MMORPG/回合制 RPG 类）	玩家在游戏中扮演游戏角色，融合养成和即时战斗的游戏	《天涯明月刀》
多人在线竞技类（MOBA）	对局多人分散在游戏地图中，依靠协作、战术、操作等进行相互竞争的多人在线竞技类游戏	《王者荣耀》
射击类（FPS/STG）	以精准的射击为核心，要求玩家通过射击才能达成目标的游戏	《使命召唤》
动作类	以玩家操作角色进行实时战斗或动作表演为核心玩法的游戏	《原神》
策略类（含 SLG）	以多人协作为核心，通过策略来获取胜利的游戏	《率土之滨》
卡牌类	以收集卡牌、换卡、玩法策略等为基础，在有限的卡牌内，利用玩家之间的对局互动形成的网络游戏	《炉石传说》
棋牌类	以扑克、象棋、围棋等为基础，通过创新而形成的游戏	《欢乐斗地主》
休闲类	融合了娱乐、益智、音乐、模拟等，能够让玩家在享受游戏乐趣的同时放松身心、缓解压力的游戏	《QQ 炫舞》
自走棋类	玩家分布在不同的棋盘上，通过回合制抓取方式，获得棋子组合，并融入了与野怪对抗等个性化玩法的网络游戏	《金铲铲之战》
捕鱼游戏类	以深海、河流等为游戏场景，按照一定的规则来模拟捕获水中生物而获得游戏奖励的游戏	《捕鱼达人》
其他类型	消除、跑酷、沙盒、弹射、挖掘、涂色、解谜等类型的游戏	《天天爱消除》

从市场规模来分析，2024 年各玩法类型的市场规模占比如图 1.12 所示，其中多人在线竞技类、角色扮演类、射击类、动作类共占 59.71% 的市场份额。

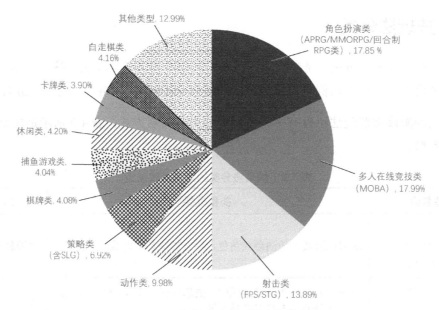

图 1.12　2024 年各玩法类型的市场规模占比

1.4　移动游戏生命周期模型

移动游戏的平均寿命比较短，大部分游戏能维持 6～12 个月。但随着市场宏观因素的影响，对存量游戏进行精细化运营，有助于延长游戏的平均寿命。在行业日益成熟的基础上，4 种生命周期运营模型成为主流模型，分别是强运营周期模型、轻运营周期模型、渐进式周期模型和泡沫式周期模型。移动游戏生命周期的运营模型如图 1.13 所示。

运营周期运营模型的不同，体现为游戏整体生命周期和玩家的活跃数据表现不同。

强运营周期模型和轻运营周期模型的运营接入时机和程度不同，因而在生命周期曲线上玩家数量呈现差异化的上涨趋势；渐进式周期模型依赖游戏的口碑，整体呈现玩家数量自然增长的趋势；泡沫式周期模型中玩家数量呈现短期爆发式增长，但玩家热情难以持续，整体生命周期比较短。

图 1.13　移动游戏生命周期的运营模型

1.4.1 强运营周期模型

强运营周期模型的核心在于落实长时间的常态化运营，从而长期维护活跃玩家的游戏黏性。通常的运营策略在于，通过持续的活动运营稳住活跃玩家，尽可能延长游戏的生命周期，并在游戏上升期通过买量等持续推广，扩大游戏本身的玩家规模，为后续在较长时间的流失期内盘活核心玩家奠定基础。

强运营周期模型的游戏生命周期如图 1.14 所示，到达游戏活跃峰值的用时在 130 天以内。该模型将游戏生命周期分为 3 个时期——上升期、流失期和稳定期。强运营周期模型适用于角色扮演类游戏。

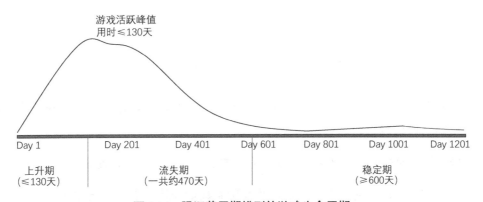

图 1.14　强运营周期模型的游戏生命周期

- 上升期：重视游戏的买量和营销推广，有效扩大活跃玩家规模。
- 流失期：采取更新游戏版本以引入新的内容，增添新角色以丰富游戏体验，扩展或合并服务器以优化玩家的在线互动方式，以及策划并实施各类运营活动以增强玩家的参与感和忠诚度等措施，增强玩家对游戏的黏性并有效减少其流失。
- 稳定期：精细化运营核心玩家的利益，保证游戏的平衡性、可玩性和稳定性，适时更新游戏内容，实现游戏的长线化运营和收益增长。

1.4.2 轻运营周期模型

轻运营周期模型的核心在于，通过适时更新与迭代游戏内容，维持玩家的留存率。通常其游戏运营的强度相比强运营周期模型的运营强度有所减弱，但在培养期后，需要不断利用游戏内容的更新，激发玩家的活跃度。所以，轻运营周期模型注重长期、有效的运营策略，维护游戏的稳定，从而延长游戏的生命周期。

轻运营周期模型的游戏生命周期如图 1.15 所示，达到游戏活跃峰值的用时在 540 天以内。该模型将游戏生命周期分为 3 个时期——培养期、成长期和稳定期。轻运营周期模型适用于休闲类游戏。

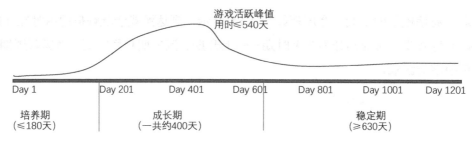

图 1.15 轻运营周期模型的游戏生命周期

- 培养期：在前期测试中积累一定数量的种子核心玩家，并不断通过种子核心玩家的反馈迭代游戏内容。
- 成长期：通过渠道、社区、活动等方式的运营与推广，玩家数量开始稳定增长。
- 稳定期：增长达到一定瓶颈后，游戏玩家数量开始下滑，但通过常态化的运营仍可保持一定的规模，从而延长游戏的生命周期。

1.4.3 渐进式周期模型

渐进式周期模型的核心在于循序渐进地培养玩家，利用口碑扩大市场。通常情况下，游戏运营会依托游戏产品内容的优势和玩家口碑的积累，逐步培育出一个在市场上被广泛认可的游戏品牌。这样不仅能激发更多潜在玩家的兴趣，还可以延长游戏的活跃生命周期，实现持续的用户增长和稳定的收益。

渐进式周期模型的游戏生命周期如图 1.16 所示，达到游戏活跃峰值的用时在 410 天内。该模型将游戏生命周期分为 3 个时期——培养期、黄金期和稳定期。

1.4 移动游戏生命周期模型

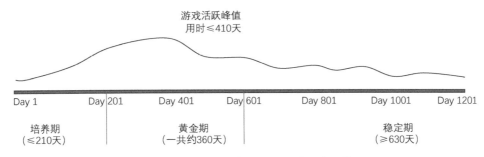

图 1.16 渐进式周期模型的游戏生命周期

- 培养期：通过游戏产品内容优势和玩家的口碑积累，逐步提高游戏的玩家活跃度。

- 黄金期：通过营销推广和市场运营等活动，进一步提高游戏的市场影响力，促进玩家在游戏内的长期活跃。

- 稳定期：游戏的增长到达一定瓶颈后，玩家的活跃度有所下降，但整体趋势表现为自然回落。通过长期的游戏内容更新和口碑建设，游戏会进入相对稳定的成熟阶段。

1.4.4 泡沫式周期模型

泡沫式周期模型的核心在于借助广泛的曝光扩大玩家基数，同时把握关键的活跃期。通常游戏运营策略是在游戏上线前期，通过高强度的市场推广，使游戏玩家数量呈现爆发式增长。但在此运营方式下，高位的玩家活跃期非常短暂，随着游戏热度的降低，游戏玩家很快断崖式流失。

泡沫式周期模型的游戏生命周期如图 1.17 所示，达到游戏活跃峰值的用时在 120 天内。该模型将游戏生命周期分为 3 个时期——爆发期、流失期和稳定期。

- 爆发期：前期借助媒体、渠道等大面积曝光，促使玩家数量持续上升，游戏活跃度呈现爆发式增长。

- 流失期：随着推广力度的减弱，或受到游戏可玩性单一等因素的影响，游戏玩家数量呈现断崖式下降。

- 稳定期：在活跃游戏玩家数量流失到一定比例后，随着游戏内容的更新和活动的推出，一部分稳定的用户会长期活跃在游戏中。然而从整体上来看，游戏下降的趋势已经难以挽回，游戏会逐渐淡出市场。

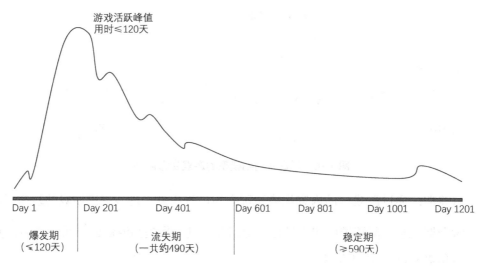

图 1.17 泡沫式周期模型的游戏生命周期

1.5 小结

本章首先描述了游戏的发展现状，特别是国内游戏的现状，包括用户规模、市场规模、自研游戏的市场规模和出海的市场规模，以及细分类型市场规模占比，帮助读者建立对游戏市场整体的宏观印象；其次聚焦到游戏产业中占比最大的移动游戏的发展现状，通过展示移动游戏国内现状和出海现状的宏观数据，加深读者对移动游戏市场的了解；再次介绍移动游戏常见的分类方式，通过题材分类和玩法分类，增强读者对游戏主流标签的认知；最后通过介绍移动游戏的4个生命周期运营模型，增进读者对移动游戏生命周期的深入了解。

本章内容旨在使读者获得从游戏发展现状、移动游戏发展现状、移动游戏常见分类方式，到移动游戏生命周期模型的基础知识，层层递进，为后续展开介绍移动游戏的运营方案奠定基础。

第 2 章
游戏运营的背景

本章主要阐述游戏运营的背景,为读者提供一个关于游戏运营的全局视角。首先,通过介绍运营的核心目标、核心运营指标、发行与运营流程,展示游戏运营工作的基本框架和关键要素。接着,通过具体阐述运营架构,进一步深入剖析游戏运营,为后续章节内容的展开做铺垫,确保读者能够把握后续内容的逻辑脉络。

2.1 核心目标

对绝大多数游戏运营人员而言,运营游戏产品的根本目的在于实现收益,换言之,其终极目标便是通过商业化手段实现盈利。此外,运营人员还渴望能够实现游戏的长期商业化收益,确保游戏项目的持续盈利与发展。

为实现游戏的商业化盈利目标,运营团队需密切关注游戏的市场口碑和用户反馈,不断进行内容优化以提升玩家体验。同时,需要通过分析游戏用户数据来采取有效措施以吸引新用户、提高用户活跃度,并设计精彩的活动方案以增强用户黏性和促进收入增长。因此,从运营角度出发,最终衡量运营成效的关键指标是资源投入(成本)与产出(收益)的比值。例如,若通过渠道推广获得的客户能够持续带来超出预期的投资回报率(return on investment,ROI),则表明渠道推广值得持续投资。运营成本与收益关系如图 2.1 所示。

图 2.1 运营成本与收益关系

2.2 核心运营指标

从数据分析的角度出发,移动游戏常见的用户运营模型有 AARRR 模型,即获取用户(acquisition)、提升活跃度(activation)、提高留存率(retention)、获取收入(revenue)和自传播(refer)。AARRR 模型的架构如图 2.2 所示。

以用户为中心,运营的核心是用户生命周期的价值大于获客成本。首先,游戏运营的基础在于获取用户,即运营人员需要通过各种渠道吸引新用户。其次,游戏运营的核心是通过丰富的游戏

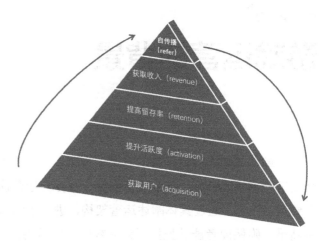

图 2.2　AARRR 模型的架构

内容和吸引人的运营活动,让用户愿意留下来并在游戏中保持活跃,逐步转化为忠实的核心用户。再者,对游戏体验表示满意的用户会愿意为了更优质的游戏体验付费,进而为游戏带来收入。最后,对游戏评价高的用户会基于社交关系进行自发的推广,从而为游戏带来源源不断的新用户。

从运营模型的指标维度来看,运营人员关注的核心指标可以分为用户获取、活跃与留存,以及付费三个维度,如图 2.3 所示。

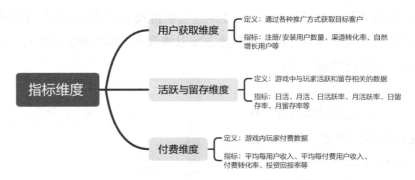

图 2.3　运营人员关注的核心指标维度

2.2.1 用户获取维度

用户获取维度的指标因不同场景而异,在本书中,我们将其抽象为 5 类主要的统计指标。具体的用户获取维度的指标如图 2.4 所示,包括用户转化数据、渠道细分数据、自然增长用户量、虚假用户量,以及用户获取成本。

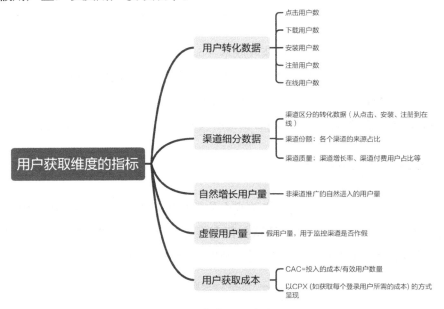

图 2.4　用户获取维度的指标

- 用户转化数据:是衡量在各种推广方式下成功转化为游戏有效用户的指标,通常可通过点击用户数、下载用户数、安装用户数、注册用户数和最后在线活跃用户数(简称在线用户数)等指标来量化。某游戏用户转化漏斗案例如图 2.5 所示。在该案例中,从点击到下载环节损失了 70% 的用户,其原因可能是游戏包体太大等,导致用户放弃下载。因此,通过关注每个转化环节的指标,可以发现用户转化过程中可能存在的问题。

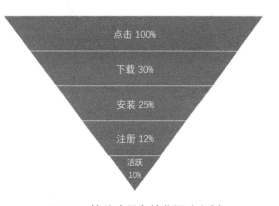

图 2.5　某游戏用户转化漏斗案例

- 渠道细分数据：针对各个来源渠道的细分数据进行监控，通过点击、安装、注册、登录转化等指标来量化。此外，还要对渠道区分的转化数据、渠道份额、渠道质量等指标进行监控。
- 自然增长用户量：非推广手段获得的用户，即靠游戏口碑、社交传播等方式获得的用户。
- 虚假用户量：用于监控渠道是否作假的指标，据此衡量渠道的推广质量。
- 用户获取成本：通常，用户获取成本（consumer acquisition cost，CAC）的计算方法是用投入的成本除以获得的有效用户数量。用户获取成本可用来衡量每个用户的成本。具体来说，这一衡量指标采用每次行动成本（cost per X，CPX）的计算方式，例如，通过按激活计费（cost per action，CPA）来评估获得一个注册用户所需的成本。

2.2.2 活跃与留存维度

活跃与留存维度的指标主要是围绕游戏内的数据进行细分的。活跃与留存维度的指标如图 2.6 所示。按照用户的游戏习惯，活跃与留存维度的指标可以进一步分为 4 个维度，分别是使用频率维度、使用时长维度、活跃用户维度和用户留存维度。

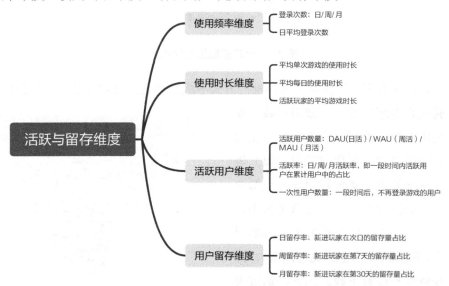

图 2.6 活跃与留存维度的指标

- 使用频率维度：主要针对游戏的登录频次进行量化分析，即通过登录次数，例如每日、每周、每月的登录次数等来衡量使用频率。同时，通过分析日平均登录次数，也能洞察用户的游戏使用习惯。

- 使用时长维度：主要是指用户在游戏中的停留时间，涵盖了挂机时间和实际操作游戏的时间。我们可以通过平均单次游戏的在线（使用）时长或平均每日的在线（使用）时长来衡量游戏的使用时长。对于用户基数较大的游戏，还需要对用户群体进行分层统计，例如，可以专门考察核心玩家的平均游戏时长或活跃玩家的平均游戏时长等，从而实现更精细化的数据分析。

- 活跃用户维度：用于衡量游戏用户活跃度的最直接、最客观的量化指标之一，例如日活跃用户（日活，DAU）数量、周活跃用户（周活，WAU）数量、月活跃用户（月活，MAU）数量以及最高同时在线用户数量等。此外，还可以通过日、周、月活跃率来评估活跃用户在累计用户中的占比。通过分析一次性用户数量，我们可以衡量游戏潜在的流失风险点，并及时发现流失率较高的游戏环节，从而采取措施优化游戏内容和提升玩家体验，例如改进新手引导流程、改善游戏界面的视觉效果、缩短启动加载时间、提升交互操作和战斗体验等。此外，在分析活跃用户数据的过程中，需要识别出那些可能只是一次性用户的作弊账号，比如一些刷取福利的灰色产业链用户或网络"水军"等。

- 用户留存维度：用于衡量用户对游戏的忠诚度。只有留住玩家，才有机会提高活跃度和实现付费转化。一般来说，我们可以通过日、周、月留存率来衡量用户留存情况，即观测一组新用户在未来一段时间内的留存量占比情况。不同游戏的留存数据差异非常大，例如某 RPG 游戏的留存率如图 2.7 所示。

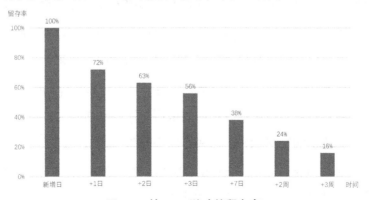

图 2.7 某 RPG 游戏的留存率

2.2.3 付费维度

对于运营人员来说，付费维度是最直接、最有效的量化维度之一，也是大部分游戏运营效果的最终衡量标准。通常付费情况可以从至少 5 个关键指标进行量化分析，具体包括平均每用户（活跃用户）收入（ARPU）、平均每付费用户收入（ARPPU）、付费转化率、生命周期价值（LTV）及投资回报率（ROI）等。付费维度的指标如图 2.8 所示。

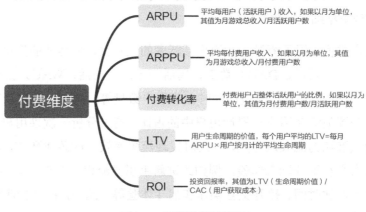

图 2.8　付费维度的指标

- 平均每用户（活跃用户）收入（average revenue per user，ARPU）：反映的是总体收入在整体用户中均摊的情况。一般以月为单位，通过月游戏总收入除以月活跃用户数来计算。

- 平均每付费用户收入（average revenue per paying user，ARPPU）：同 ARPU 的计算方式类似，一般以月为单位，通过月游戏总收入除以月付费用户数来计算。

- 付费转化率：反映了游戏产品引导玩家付费的能力、玩家付费倾向和付费意愿等。通常以月为单位，通过月付费用户数除以月活跃用户数来计算。

- 生命周期价值（life time value，LTV）：指的是用户生命周期的价值。用户生命周期是指一个用户从第一次启动游戏，到最后一次启动游戏之间的时间。而 LTV 是指该用户在生命周期内，为该游戏创造的收入总额，可以看作一个长期累计的 ARPU 值。

- 投资回报率（return on investment，ROI）：ROI 可以用 LTV 除以 CAC 得到。一般只有 ROI 大于 1 时，游戏才有可能盈利。

2.3 发行与运营流程

移动游戏的整体发行与运营是一个多工种、长链条的协作过程。在不同的团队背景、游戏类型和业务场景下,发行与运营流程的细节差异可能会非常大,但从整体而言,发行与运营要做的核心事项大同小异。

发行与运营的整体流程如图 2.9 所示。该流程一共分为 5 个环节,分别是发行与运营立项、产品打磨、发行推广筹备、正式上线和长线运营。

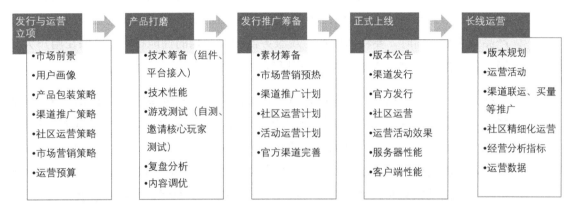

图 2.9 发行与运营的整体流程

- 发行与运营立项:在实际业务中,发行与运营立项的先决条件是产品(游戏)立项,即通过评估产品的内容和市场前景,判断产品是否值得投入研发或引入代理。然而,从发行与运营的视角来看,产品的存在是开展发行与运营工作的前提。因此,此处定义的发行与运营立项是整个发行与运营流程的首个关键环节。首先,必须对产品的市场前景和用户画像进行深入分析,以便制定全面的发行与运营策略,包括但不限于产品包装策略、渠道推广策略、社区运营策略和市场营销策略等。其次,发行与运营立项阶段还需要预估游戏未来的生命周期和盈利潜力,进而评估整体运营所需投入的成本,即确定运营预算。最后,制定一套完整且系统的运营计划。

- 产品打磨:在确定对此游戏投入的运营成本并制定运营计划后,接下来的步骤便是打磨产品。其核心是在正式上线前,对产品进行必要的技术筹备,如组件、平台接入等,其中可接入的组件有登录组件、支付组件、安全组件等,并解决潜在的异常、性能等问题。同时,根据测试阶段玩家的反馈进行复盘分析,对游戏内容进行优化调整，使游戏更好地满足市场需求。

- 发行推广筹备：在产品经过打磨后，为了确保游戏正式上线的成功，需要筹备游戏的营销推广活动。首先要积累和生产一些宣传素材，为后续的市场营销、渠道推广、平台投放和社区运营等做准备；接着要策划并逐步实施市场营销的预热活动；然后在各大平台、渠道和社区等制造热点，同时开启游戏的预约下载等；最后，通过线上、线下的活动配合营销推广节奏。

- 正式上线：产品正式上线时，官方需发布权威公告以标志其正式推出。此时，运营团队应在渠道推广、市场营销、社区建设和活动策划等多方面加大宣传力度，提升产品知名度。同时，要特别留意游戏服务器和客户端的性能指标，确保在用户大量涌入的情况下，产品能够保持高效且稳定的运行。

- 长线运营：随着游戏进入长期深耕阶段，运营团队需要持续监控渠道的质量，包括联运、买量等，同时警惕任何潜在的刷量现象。在确保投资回报率（ROI）合理的情况下，运营团队应加大对优质渠道和获客渠道的投入力度。此外，深耕游戏社区运营，可以塑造稳定的游戏口碑，增加玩家黏性。同时，关注经营分析指标和运营数据，为活动策划和游戏内容优化提供数据支持，从而促进游戏持续获得收益。

2.4 运营架构

以移动游戏为例，从核心工作模块的视角来分析运营的整体架构，可将其分为 4 个主要部分，自下而上分别是技术筹备、项目管理、运营策略和出海。其中前三部分是代理游戏或自研游戏在国内运营时所必备的核心能力，而第四部分是目前大部分国产游戏寻求未来发展和更多市场机会的突破点。运营架构如图 2.10 所示。

- 技术筹备：游戏在开启测试前要完成一系列基础组件和工具的接入工作。组件侧的接入清单包括登录组件、社交组件、支付组件、安全组件等；工具侧的接入清单包括经营分析系统、客服平台、素材管理系统、活动管理系统等。这些基础的组件和工具，是保证游戏合规高效运营的基石。

2.4 运营架构

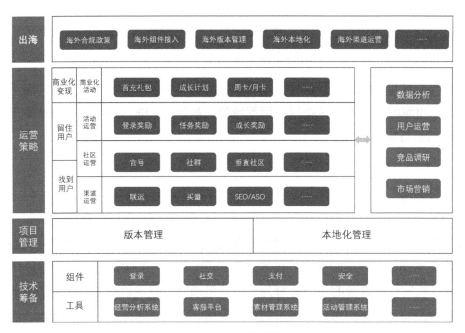

图 2.10 运营架构

- 项目管理：如果把游戏运营比作一项规模庞大且复杂的工程，那么项目管理就是协调这个复杂工程并使其顺畅运转的核心。对自研游戏的发行与运营来说，项目管理的核心工作是版本管理。版本管理的主要内容包括规划游戏内容调优、活动发布、bug 修复及与其他版本相关的迭代进程，其工作人员负责对接研发人员、运营人员、安全人员、测试人员、市场人员、客服等与游戏版本相关的工作人员。对于代理游戏或海外发行的游戏，项目管理的工作还包括本地化管理这一重要内容。本地化管理的主要任务是配合版本日程，协调研发人员、翻译人员、文案润色专家、外包供应商及测试团队等多种角色，完成对游戏内容（包括文案、配音、图片素材等）的本地化工作，并对游戏外的与本地化相关的内容提供支持。
- 运营策略：运营策略是为了实现游戏发行与运营的目标而形成的一套标准化策略，旨在从找到用户、留住用户和商业化变现的角度出发，对用户进行精细化运营。在找到用户方面，主要策略是通过一系列渠道运营的方案来实现游戏的拉新。在留住用户方面，采取游戏内外结合的运营策略：在游戏外，通过社区运营（内容和用户），塑造游戏口碑并加深玩家与游戏之间的情感连接；在游戏内，通过游戏的各种运营活动，提高玩家的留存率和游戏活跃度。在商业化变现方面，通过游戏内一系列的商业化活动和运营手段实现盈利。此外，运营策略也会涉及一些其他内容，例如数据分析、用户运营、竞品调研和市场营销等。

- 出海：目前国内游戏行业受市场环境等因素影响，游戏出海是未来游戏发展的新机遇。出海的运营策略是在国内运营经验的基础上，进一步针对不同地区市场进行策略适配与优化。

2.5 小结

本章在第 1 章的基础上，将内容聚焦于游戏运营的背景。首先明确运营的核心目标，并从这一点出发来阐述游戏运营关注的核心内容；其次基于 AARRR 运营模型来量化运营的核心指标；再次把发行与运营的流程拆解为 5 个阶段来简要概述，便于读者建立初步的流程概念；最后通过梳理运营架构来展开本书的核心逻辑，即从技术筹备、项目管理、运营策略和出海等 4 部分来阐述游戏运营的详细过程。

在之后的章节中，将会介绍运营策略中涉及的数据分析和用户运营等部分内容，并结合渠道运营、社区运营和活动运营，通过部分案例来阐述。

第 2 部分
游戏发行前的重要工作

第 3 章　技术筹备

第 4 章　游戏评审

第 3 章 技术筹备

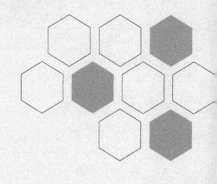

从游戏运营架构的讨论中,读者可以了解到运营最底层的模块是技术筹备,即组件和工具的接入。这是游戏正式对外测试前必须完成的基础工作。

目前很多游戏厂商都同时运营多款游戏,所以会组建通用组件研发团队来支持底层模块的开发。游戏厂商也可在游戏中接入现有成熟的组件(例如第三方登录组件)来提高运营效率。

下面主要从运营组件和工具的维度来阐述游戏运营中的接入清单。

3.1 接入清单

在本书中,组件指的是游戏客户端或服务器接入的软件开发工具包(SDK)等,工具指的是日常运营的前端管理系统等。下文统一用组件和工具作为分类标签来标识不同类型的接入清单。

在不同的运营背景(自研、代理或出海)下,组件或工具的类型各式各样,其命名和功能也会不同,但最终它们可以实现的功能是类似的。因此,下文主要依据组件或工具的功能,对其进行分类。

3.1.1 组件清单

核心的运营组件可以分为登录组件、安全组件、支付组件、数据接口组件、数据日志组件、性能监控组件、防沉迷组件、平台能力组件和辅助功能组件。游戏大厂一般都会有统一的中台组件,例如某大厂的公共组件和服务库平台 MSDK,用于集成主要的组件功能,从而提高游戏研发侧接入的效率并降低运营成本。

常见的核心组件清单如图 3.1 所示。有些组件以 SDK 的形式接入游戏的客户端,例如登录组件、支付组件;有些组件以封装接口的方式接入游戏的服务器,例如数据接口组件。实际上,大部分组件既需要接入游戏客户端,又需要通过数据接口组件与游戏服务器进行交互。

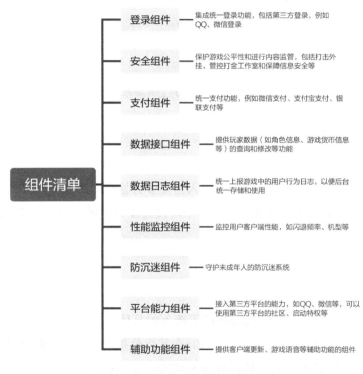

图 3.1 常见的核心组件清单

3.1.2 工具清单

核心的运营工具可以分为经营分析系统、业务受理系统、消息推送系统、活动运营系统和功能配置系统等 5 个大的系统。如果从游戏的运营管理系统维度来分类,那么除以上系统之外,运营工具还包括用于查看安全对抗的管理系统、游戏素材管理系统、版本管理系统等更多符合业务需求的系统。

常见的工具清单如图 3.2 所示。例如,经营分析系统关注游戏用户画像、活跃用户量、

第 3 章 技术筹备

留存率等数据；业务受理系统主要处理玩家的问题，如查询数据、发放补偿等。

图 3.2　常见的工具清单

3.2　接入流程

在不同厂商的背景下，组件和工具的接入需要多方协调，并且总体接入时间较长。因此，组件和工具的接入通常是伴随游戏评审的各个阶段逐步进行的。此外，接入过程也会遵循一定的流程。

3.2.1　接入节奏

根据游戏自身特点的不同，不同游戏所需接入的具体组件、工具及其所需时间有所不同。以组件接入为例，某款国内代理的海外游戏，在其组件接入过程中，整个技术接入和筹备周期需 3～6 个月，所以其接入内容被拆分成不同的阶段来执行，以确保不会影响后续的游戏评审规划。组件分阶段接入流程如图 3.3 所示，分别是基础功能接入、必选功能接入和其他功能接入。

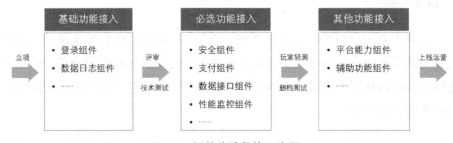

图 3.3　组件分阶段接入流程

不同游戏的组件和工具的接入和测试节奏各不相同。总之，组件和工具的接入不是一次性完成的，而是一个分阶段、分目标执行的过程。

3.2.2 接入方案

不同团队研发的组件或工具的接入细节可能千差万别，但高质量接入的核心在于对细节的把控，这通常需要按规范的流程来执行。以组件接入为例，其方案可以概括为 5 个阶段，依次为了解背景、准备内容、评估过程、开发功能和联调测试。组件接入方案如图 3.4 所示。

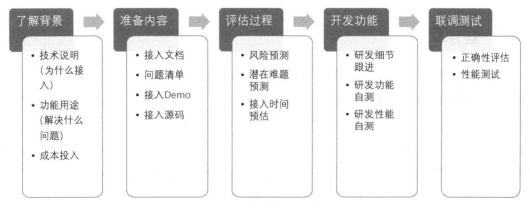

图 3.4　组件接入方案

- 了解背景：深入掌握所需接入技术项目的背景信息，核心内容包括接入该组件（或工具）的原因、能够解决的问题，以及所需投入的成本等。

- 准备内容：在接入之前，需要准备标准的接入文档和常见的问题清单，最好能有接入的产品演示（Demo）和源码，以便提高接入效率。

- 评估过程：预测接入过程中可能存在的风险和潜在难题，以便精准预估接入时间。鉴于接入的项目较多，且与游戏评审流程紧密相连，所以每一个组件（或工具）的接入，都需要在既定的时间内完成。

- 开发功能：在此阶段，研发人员需要跟进研发细节，并将技术模块接入游戏客户端或服务器，并且要严格自测接入后可能产生的功能异常或性能问题。

- 联调测试：与提供组件（或工具）的团队进行联合调试，以确认接入是否正确、性能是否满足运营的基本要求。如果接入的是第三方开源组件，需要按照组件的测试指南来严格检查所有环节，确保整体链路是正确的。

3.3 运营组件

鉴于不同厂商所提供的组件的接入流程存在较大差异且组件类型繁多，本章将主要围绕常见核心组件的接入目标与功能进行阐述。至于具体的接入流程框架及细节，则会根据各业务的具体情况而有所不同，不是本章的重点内容。

3.3.1 登录组件

登录组件的核心目标在于提供统一的游戏登录功能，包括第三方登录，例如国内的 QQ、微信登录，海外的 Facebook（现改名为 Meta）、Google Play 登录等。然而，有些大型游戏公司会把登录组件集成到统一的中控组件，例如某大厂的 MSDK，不仅提供基础的登录功能，还集成了好友关系链拉取、社交分享等扩展功能。某大厂的 MSDK 集成统一登录功能平台如图 3.5 所示，该平台不仅可以实现主流的账号登录功能，还集成了鉴权、好友、群组、公告等管理功能。

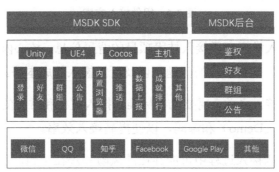

图 3.5　某大厂的 MSDK 集成统一登录功能平台

3.3.2 安全组件

安全组件旨在辅助游戏运营人员保护游戏公平性和进行内容监管，包括打击外挂软件、保障信息安全以及管控打金工作室的活动。

因为游戏的安全对抗比较激烈，安全组件通常比较复杂，而且不需要根据游戏版本的升级而更新客户端的配置，因此，安全组件通常是以独立的 SDK 形式接入的。除了客户端组件，安全的后台也需要接入游戏数据进行行为分析，并需要接入游戏接口组件，以对作弊玩家进行处理和及时屏蔽不合规内容等。

某安全组件的功能如图 3.6 所示。针对游戏安全问题，该安全组件实现了游戏客户端的安全加固、反外挂、反打金工作室、内容安全和打击黑灰产等功能，全方位地维护游戏经济体系的稳定，保护游戏运营人员及玩家的利益不受损害，进而维护游戏的公平性。

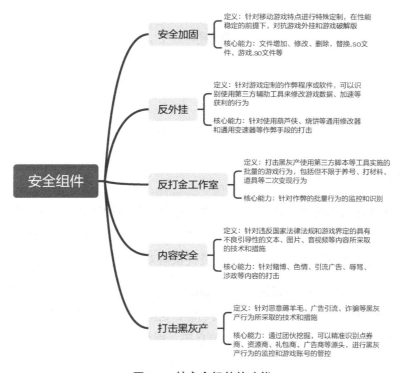

图 3.6　某安全组件的功能

3.3.3　支付组件

支付组件是提供统一支付渠道对接功能的组件，例如微信支付、支付宝支付、QQ 支付、银联支付、手机充值卡支付等多种支付渠道；而在海外，支付渠道有 Google Wallet、Apple Pay 等。

某支付组件不仅提供基础的支付渠道接入功能，还支持游戏的充值营销、付费数据分析、支付风控等功能。图3.7展示了某支付组件的功能。对于游戏发行商来说，自行开发支付组件的成本相对较高，所以其通常会选择接入成熟的第三方支付组件，或者是接入内部支撑部门开发的支付组件。

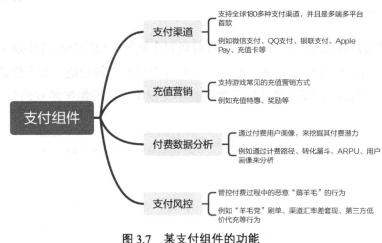

图 3.7　某支付组件的功能

3.3.4　数据接口组件

游戏需要通过接入多种组件或工具来支撑其轻量、高效的运营，而统一的数据接口组件可以实现游戏本身和组件之间的数据交互。简单来说，就是游戏提供一个数据交互接口，为各个组件或工具的运营方或发行方的运营人员提供游戏实时数据交互的功能。

数据接口组件可以通过应用程序接口（application program interface，API）对外交互，支持对游戏内常见数据的增加、删除、修改和查询功能。这些常见的数据包括角色信息、道具信息、技能信息、游戏货币信息、任务信息、好友信息等。根据不同的业务需求，还可以定制更多的功能以适应不同的业务场景。

某数据接口组件交互和支持的功能如图3.8所示。运营团队通过数据接口组件，实现对不同游戏数据的增加、删除、修改、查询等功能。显然，不同职能的团队成员拥有的权限是不同的，这些权限可以根据运营职能的具体需求来设定。

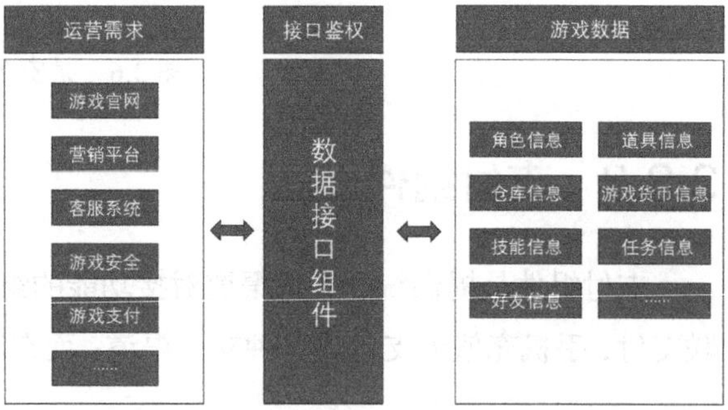

图 3.8　某数据接口组件交互和支持的功能

3.3.5 数据日志组件

数据日志组件与数据接口组件类似，都是通过标准的交互协议和接口与其他组件和工具进行交互。数据日志组件为游戏提供了统一的海量日志的弹性存储和查询等交互功能。

通常数据日志组件提供元数据描述方式、日志上报协议、数据采集、聚合和存储等全套流程的服务，为游戏的后续运营和增值服务提供基础数据支持。例如在游戏安全对抗的场景中，需要获取用户的原始行为日志，此时可以直接与数据日志组件进行交互，以提高对接效率，进而实现外挂对抗、打金工作室识别、恶意内容检测等方案的快速上线。

某数据日志组件架构如图 3.9 所示。游戏侧（数据源）通过标准的日志协议，统一转发数据到日志接口服务器（接收层）；日志接口服务器通过分布式的方式转发到不同的存储容器中；存储层再根据运营的需求，通过实时或者离线的方式将日志服务提供给运营人员。因此，对游戏运营人员来说，通过这种方式可以避免因不同的数据需求而与游戏研发者直接交互的情形，从而大幅提高了使用数据的效率。

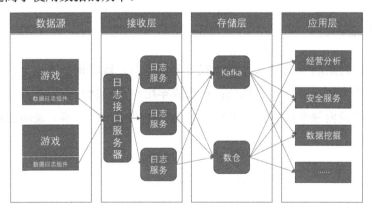

图 3.9 某数据日志组件架构

3.3.6 性能监控组件

性能监控组件的功能主要是对客户端性能指标进行监控，这些性能指标包括但不限于手机机型、地域分布、流量使用情况、设备耗电量、系统崩溃/游戏闪退频率、帧率（FPS）等。性能监控组件的核心目标在于采集与性能相关的数据，以辅助运营人员了解外部网络环境下设备的使用情况和异常情况，并辅助游戏研发者快速定位问题。

某游戏客户端性能监控组件的功能如图3.10所示。该组件围绕设备信息、异常信息和使用数据等，全面监控游戏客户端的性能。

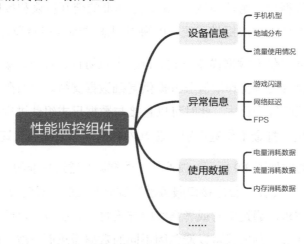

图 3.10 某游戏客户端性能监控组件的功能

3.3.7　防沉迷组件

防沉迷组件作为限制未成年人过度游戏行为的工具，旨在保护未成年人的身心健康。其核心功能包括对游戏用户进行实名认证；对未成年用户，限制其每日游戏时间上限，规定其只能在特定的时间段内登录游戏；设定充值上限和提供家长监督等。某防沉迷组件的功能如图 3.11 所示。

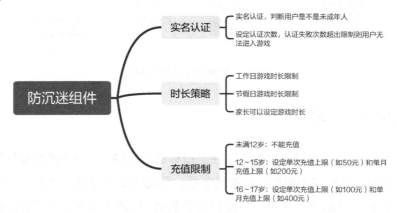

图 3.11 某防沉迷组件的功能

3.3.8 平台能力组件

平台能力，顾名思义，就是依托一些平台的功能和服务来优化游戏运营的一种手段。例如，游戏接入社交平台后，可以使用社交平台的社区、游戏特权和绑定公会群等功能。常见的平台能力组件有微信、QQ 等社交软件的游戏中心等。

除了目前主流的社交平台，一些第三方平台也逐步与游戏公司建立更深入的合作关系，并提供了一些平台接入的能力。

3.3.9 辅助功能组件

除了上述核心组件，还有很多其他的定制化组件可选择，例如游戏热更新组件、录屏组件、游戏语音组件、微社区组件等辅助功能组件。

不同于前文提到的那些组件，这些辅助功能组件并非刚需，不接入也不会影响游戏的基本运营，运营人员可以根据实际情况决定是否接入。但国内游戏非常重视精细化运营，所以如果接入一些低成本的辅助功能组件，可以给玩家提供更多个性化的功能，对游戏研发来说是非常好的选择。

3.4 运营工具

运营工具又称运营系统。组件往往通过接入游戏客户端或者服务器，类似于插入插件或 API 调用的方式，给游戏增加更多的功能，而运营工具不一定需要接入组件，它可以直接与游戏服务器端的接口进行交互，为运营人员提供管理系统。但有些工具也需要与组件配合使用，例如游戏的活动运营系统，需要在游戏客户端先接入活动相关的组件后才能正常使用。

下文阐述常见的核心工具的目标和功能。

3.4.1 经营分析系统

经营分析系统可以简称为经分系统，顾名思义是针对游戏的经营数据进行分析的系统。其中，较为关键的经营数据包括游戏的每日活跃用户量、每月活跃用户量、付费数据、用户画像等。经营分析系统是游戏运营中最核心的系统之一。

经营分析系统具体的业务指标，取决于游戏类型和运营需求。然而，一些基础的通用数据是大部分游戏运营团队比较关心的数据。图 3.12 所示为某经营分析系统的核心数据，包括用户画像、在线数据、活跃数据、付费数据、消耗数据以及任务系统等，从多维度反映了该游戏的运营状况。

通常，经营分析系统通过数据接口组件来接入数据流，然后以实时或离线的方式来分析用户的游戏数据，从而得到经营分析报表。

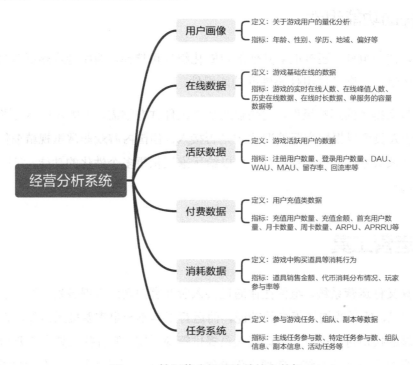

图 3.12 某经营分析系统的核心数据

3.4.2 业务受理系统

业务受理系统主要提供处理玩家问题、客服日常使用、补偿发放游戏货币等功能。此系统主要通过数据接口组件完成对游戏内玩家数据的增加、删除、修改、查询等工作。

业务受理系统是能够快捷操作游戏内玩家数据的系统，所以对权限的管理要求较高。通常，只有特定角色在必要需求下才有权限使用该系统。例如，当客服收到玩家关于游戏货币因某种原因消失的投诉，他们可以在确认后，通过业务受理系统进行操作，为玩家发放相应的补偿。

某业务受理系统的操作流程如图3.13所示。不同的职能角色有不同的系统操作权限，根据不同的运营需求，他们可以通过业务受理系统处理相关业务问题。

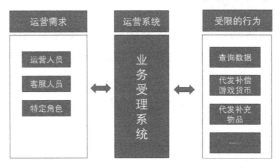

图 3.13　某业务受理系统的操作流程

3.4.3　消息推送系统

游戏的消息推送系统包括游戏公告、消息推送、渠道包管理等功能。为了完成游戏公告的推送，游戏客户端通常需要接入特定的组件或利用统一中控组件中的公告模块。

某消息推送系统的核心功能如图3.14所示。其中最基础的功能是对用户的消息推送，例如推送定制化消息到游戏App中。游戏公告功能包括配置游戏公告及在游戏中推送和展示公告等。此外，该系统还可以支持对外部的渠道包管理，例如管理渠道号、查询渠道信息和渠道打包等。

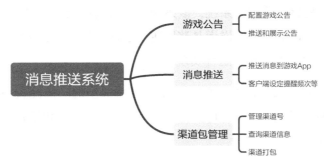

图 3.14　某消息推送系统的核心功能

3.4.4 活动运营系统

游戏的活动运营系统是针对游戏内活跃类、商业化、体系化等活动的配置下发系统。移动游戏（尤其是手游）的运营节奏较快，为了提高活动运营的效率，游戏研发人员在集成活动的 SDK 后，将通过活动运营系统配置和下发大部分常见的活动，然后通过游戏客户端接入的活动 SDK 展示活动内容的调整。

除了游戏内置的基础活动，活动运营系统还可以实现个性化活动的运营功能，例如新增活动内容、修改活动玩法、个性化推送等。某活动运营系统的核心功能如图 3.15 所示。

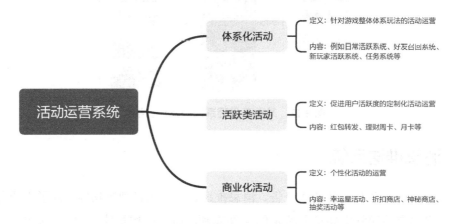

图 3.15　某活动运营系统的核心功能

3.4.5 功能配置系统

功能配置系统是一种将游戏相关的配置内容（如服务器状态管理、游戏大区配置、用户邮件管理等）集中化配置和管理的系统。该系统使运营人员能够更灵活和高效地工作，例如通过功能配置系统，可以给用户发送道具奖励等。通常，游戏内的功能配置系统并不需要接入单独的组件，而是通过数据接口组件实现。

功能配置系统可以集成的功能非常多，不同游戏类型的功能配置系统也会有比较大的差异，其本质是授权运营人员高效和独立地进行游戏内的管理和运营操作。某功能配置系统的功能如图 3.16 所示。

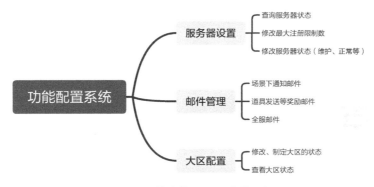

图 3.16 某功能配置系统的功能

3.5 小结

本章系统性地介绍了游戏发行前必须完成的核心模块的接入,即技术筹备。首先给出接入清单,介绍常见的游戏运营组件和工具。当然,根据不同的厂商背景和游戏类型,组件和工具会更多样化。其次介绍接入流程,阐明游戏发行前的组件和工具接入是一个分阶段且有序的过程,应按照严谨的流程来把控接入细节。最后介绍部分组件和工具的核心目标与功能,使读者对常见组件和工具有初步的了解。

第 4 章
游戏评审

第 3 章提到技术筹备是分阶段进行的,在筹备过程中要做的核心工作之一,就是游戏评审。游戏评审的核心内容是对游戏的质量评审,其核心目标是围绕运营红线、市场评估、游戏内容和技术性能等方面,对游戏进行全方位的评审,使其满足上线运营的要求。

同第 3 章的技术筹备环节类似,游戏评审也穿插在游戏正式运营前的各个测试阶段。例如某游戏产品的测试阶段分为技术评审测试、玩家轻量测试、技术封测和不删档测试。不同于技术筹备是分阶段在各个环节中完成的,游戏评审在每个测试阶段都会开展,只是不同阶段的评审重心不一样。由于不同厂商对各个测试阶段的划分差异较大,因此本章不从测试阶段的维度来介绍游戏评审,而是从核心的评审内容入手来阐述。

4.1 评审流程及要点

游戏评审可以看作游戏正式上线前的质检工作。如同流水线生产一样,游戏厂商需要在各个核心环节测试游戏的表现效果是否满足发行标准,因此游戏评审的核心是测试的内容及评估的标准。

对于不同的游戏厂商、游戏类型和游戏背景,评审的流程和维度是不一样的,但因其工作本质都是为了确保游戏满足上线要求的质量标准,所以可以将游戏评审流程概括为 4 个主要部分,如图 4.1 所示。

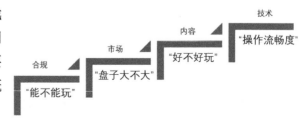

图 4.1 游戏评审流程的 4 个主要部分

在游戏评审的核心环节中,"能不能玩"

主要关注游戏的合规性，即游戏是否遵守运营红线；"盘子大不大"则是对市场潜在规模的评估；"好不好玩"可以理解为对游戏内容的评审，着重于评价游戏内容的吸引力和玩家体验；而"操作流畅度"则涉及对游戏技术性能的评审，以保证游戏操作等体验顺畅。游戏评审维度及其要点如图 4.2 所示，运营红线评审、市场评估、游戏内容评审和技术性能评审这 4 个方面共同构成了游戏评审的框架，确保游戏在上线前的各项性能和指标都满足标准要求。

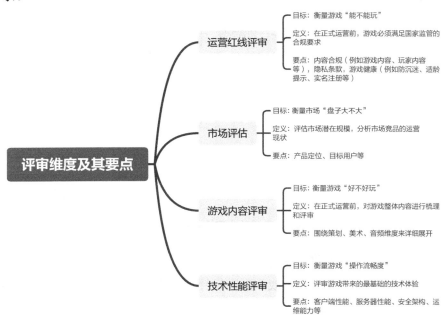

图 4.2　游戏评审维度及其要点

4.2　运营红线评审

满足运营红线的要求是游戏评审的基础，因此运营红线是游戏运营团队首要关注的评审维度。运营红线包含非常多的内容，例如游戏要有版号才能上线、游戏内容不能涉及"黄赌毒"、游戏要有未成年人保护体系等。游戏上线前还要进行著作权风险审核、商标侵权审查、专利侵权审查，签署反不正当竞争和隐私协议等。

下文主要从游戏内容合规、隐私条款和游戏健康的角度，阐述运营红线评审中的关键事项。

4.2.1 内容合规

游戏内容合规评审,主要是对游戏内的文案、图像、音视频等内容和游戏虚拟道具兑换、抽奖、竞猜等玩法进行的合规化评审。其目的是保证游戏符合相关的法规和标准。对不同类型的游戏内容合规的评审维度可能会有所扩展,需要依据具体场景和合规的要求而定。

一些常见的内容合规的评审维度如图 4.3 所示。

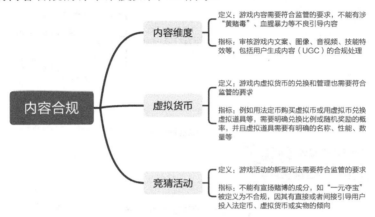

图 4.3 常见的内容合规的评审维度

图 4.3 从常见的内容合规维度阐述了内容合规的一些细节。然而在实际业务中,需要根据网络游戏的合规监管要求,结合游戏类型进行针对性的审核。注意,内容合规是游戏的"生命线",在评审中不能存在侥幸心理。

4.2.2 隐私条款

游戏隐私条款的审查,主要是审查游戏中是否有对用户进行隐私声明的明确信息,例如游戏许可及服务协议、游戏隐私保护指引、儿童隐私保护指引、第三方信息共享清单、个人信息权限和隐私权限管理等。游戏厂商和游戏类型不同,其隐私条款内容也会有所不同。

某 MMORPG 游戏的隐私条款声明如图 4.4 所示。在游戏的设置菜单中,个人信息页面会有明确的隐私条款声明。

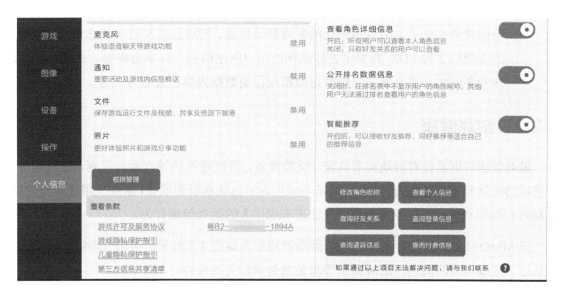

图 4.4 某 MMORPG 游戏的隐私条款声明

- **游戏许可及服务协议**：与游戏相关的行为规范及授权许可的约定。例如游戏账号协议明确指出，玩家需要实名，不能将账号用于买卖，不能从事诈骗等黑灰产服务，不能使用外挂等第三方服务软件；用户信息收集和使用协议告知用户，本游戏会收集游戏充值、消费、交易等信息；用户使用规范明确指出，用户不能发送和传播带有血腥暴力、辱骂等不良内容的信息等。总的来说，游戏许可及服务协议是一个围绕游戏提供的服务、数据采集、用户使用规范、账号管理方案等约定的集合体。

- **游戏隐私保护指引**：针对游戏许可及服务协议中的用户隐私保护条款的专项文件。该文件清晰地公示了本游戏收集和使用的个人信息清单，涉及用户的游戏环境、设备、账号、身份、行为和支付等信息，并且明确了信息用途。另外，该文件还清晰地公示了个人信息存储的方式、时间和地理位置等。

- **儿童隐私保护指引**：关于处理不满 14 周岁的未成年人（儿童）个人信息的条款。该指引文件清晰地公示了本游戏收集的儿童个人信息的内容、如何使用儿童个人信息、儿童个人信息的存储方式、儿童个人信息安全等。该指引文件是一份专门为保护儿童隐私而设计的系统性声明。

- **第三方信息共享清单**：公示了游戏数据共享的第三方主体和共享的内容。例如给苹果支付共享了去用户标识化的订单交易信息，包括苹果物品 ID、折扣和物品数量；

给运营商共享了去游戏标识化的账号登录信息、网络信息和设备状态信息等；给第三方微信支付 SDK 共享了去标识化的用户网络信息、订单金额等。总的来说，游戏业务侧对共享给第三方的数据源都应指明数据内容、脱敏方式等。

4.2.3 游戏健康

游戏健康评审是针对游戏实名认证、适龄提示、防沉迷系统等方面的问题，评估其是否有明确的提示和相关功能的设计。尤其是未成年人防沉迷系统的设计，需要从用户身份验证、游戏时长限制和付费限制等多个维度来守护未成年人的游戏健康行为。

某 MMORPG 游戏的登录界面中的健康游戏忠告如图 4.5 所示，该忠告清晰地声明了实名认证、未成年人防沉迷、适龄提示等与游戏健康相关的内容。

图 4.5　某 MMORPG 游戏的登录界面中的健康游戏忠告

4.3　市场评估

市场评估旨在预判游戏市场的潜在规模，即市场的"盘子大不大"。通常市场评估会围绕产品定位、竞品分析和目标用户等维度，客观地对竞品的用户规模、销售规模和运营策略等现状进行评估。市场评估是评估市场潜在规模的最直接手段。

市场评估的核心维度如图 4.6 所示。针对不同的游戏类型和业务场景，可以围绕其目标量化出更多的市场评估维度。

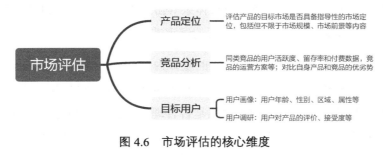

图 4.6　市场评估的核心维度

4.4　游戏内容评审

当游戏成功通过运营红线评审和市场评估后，游戏当前版本已经满足基本的发行要求。接下来的重点是对游戏内容进行评审。发行游戏的初心是期望游戏可以长期运营，并带来持续增长的销售规模。在这一过程中，游戏本身的内容质量是其关键影响因素，所以游戏内容评审非常重要。

游戏内容评审维度会根据游戏的具体玩法而有所不同。以某 MMORPG 游戏的内容评审为例，其内容评审主要围绕策划、美术和音频 3 个维度展开，如图 4.7 所示。

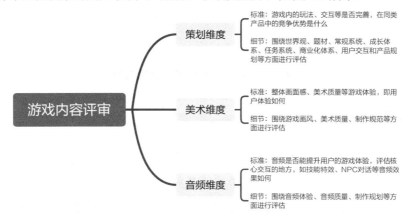

图 4.7　某 MMORPG 游戏的内容评审

4.4.1 策划维度

策划是游戏最基础的玩法、交互、成长体系等游戏内容的数值化封装,其效果是决定游戏生命周期的核心因素之一,因此策划维度的评审非常重要。

对于策划维度的评审,首先是评估游戏的整体内容,例如世界观、题材、背景是否完善;其次是评估游戏的交互性,例如用户界面(UI)、任务指引等游戏交互设计是否流畅和便捷;再次是评估游戏的核心玩法,例如成长体系是否合理和可持续,角色、战斗、装备和活动等设计是否完善;最后是评估商业化体系的设计,例如收费模式是否能良性循环、是否有可持续的付费点,以及是否有创新的付费点来支撑游戏付费的增长。

某MMORPG游戏的策划维度的评审细节如图4.8所示,可以简单抽象为围绕整体内容、游戏交互、核心玩法、商业化体系所进行的全方位评审。

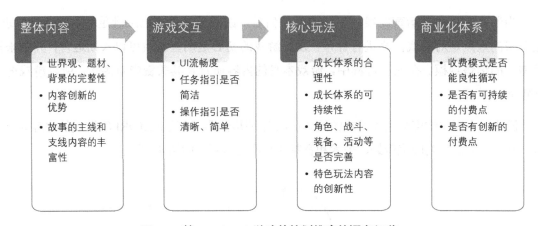

图 4.8 某 MMORPG 游戏的策划维度的评审细节

4.4.2 美术维度

如果把策划看作游戏内容的灵魂,那么美术无疑是对游戏质量的最直观的展现。画质的优劣和画风是否吸引目标用户,都是游戏质量好坏的直接评价指标。通常来说,出色的美术设计能有效弥补内容策划的不足,特别是一些"二次元"游戏对美术表现的要求更为严格。

对于美术表现,在不同的游戏背景下,量化的权重和指标差异较大,但核心的方面基本相似，例如游戏画风、美术质量和制作规范等。美术维度的评审细节如图 4.9 所示。

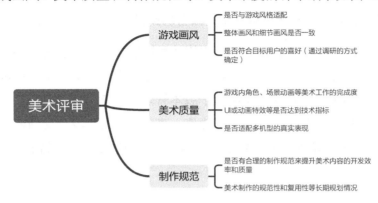

图 4.9　美术维度的评审细节

4.4.3　音频维度

音频可以在美术和交互的基础上提升玩家的游戏体验。在关键游戏场景中添加游戏背景音乐、战斗音效或角色配音等音频效果，可以显著提升玩家的游戏体验。优秀的音频表现是吸引并留住游戏玩家的重要加分项。

参考美术的评审，音频同样可以从 3 个方面来评估，分别是音频体验、音频质量和制作规划。音频维度的评审细节如图 4.10 所示。

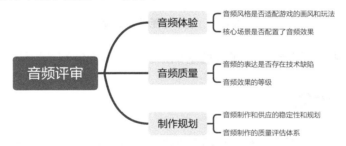

图 4.10　音频维度的评审细节

4.5　技术性能评审

游戏内容评审通过后，游戏整体在内容和市场方面都达到了发行的标准。那么，接下来的关键环节，即技术性能评审，就要确保更多玩家能顺畅地享受游戏，也就是保证游戏的稳定性和操作流畅性。所以技术性能评审是改善玩家操作体验的核心环节。

顾名思义，技术性能评审就是评审游戏的技术性能指标，围绕客户端性能、服务器性能、安全架构和运维能力等方面，对游戏技术性能进行全方位的评审。技术性能评审维度如图 4.11 所示。本节的技术性能评审类似于版本管理中的部分测试指标，更多是为了使游戏满足发行的基本标准。然而，与此不同的是，游戏的不同阶段会受到客观环境变化的影响，例如活跃量、活跃峰值、外网新增机型等因素，游戏测试人员需要对测试做出针对性的调整。

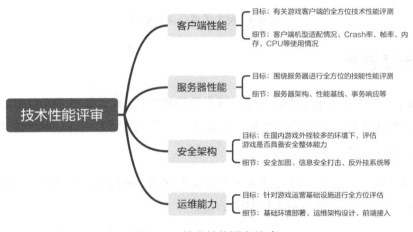

图 4.11　技术性能评审维度

下文重点阐述技术性能评审各维度的基础知识。更多性能测试指标详见 5.5.3 节。

4.5.1　客户端性能

在技术性能评审中，首先要对客户端的性能进行评审，这一环节直接影响游戏玩家的体验。客户端性能的评审指标与游戏版本管理中的客户端测试类似，但具体的验收指标会根据游戏类型和厂商背景的不同而有所不同，可以参见 5.5.3 节的相关内容。

客户端性能评审如图 4.12 所示，围绕客户端架构、性能基线、内存消耗、CPU 占有率、客户端稳定性、客户端弱网及其他指标等展开。

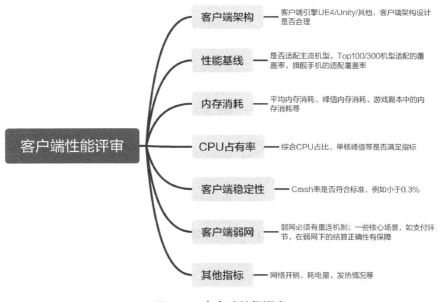

图 4.12 客户端性能评审

4.5.2 服务器性能

从用户的视角来看,服务器性能是无法直观体验到的环节,但服务器的作用是处理客户端请求,其核心的性能指标直接决定了用户对客户端的体验,间接影响用户的游戏体验。

服务器性能的评审内容包括带宽、内存、CPU 和架构等,与客户端性能评审的内容相呼应。此外,服务器性能评审还需要评审系统稳定性、服务器是否具有宕机自修复的能力、服务器的容灾情况、服务器是否具备横向扩展的能力以满足用户量突增带来的新需求。

服务器性能评审如图 4.13 所示,图中只列举了一些常见的核心指标,在实际业务场景中,还存在其他评估指标。

第4章 游戏评审

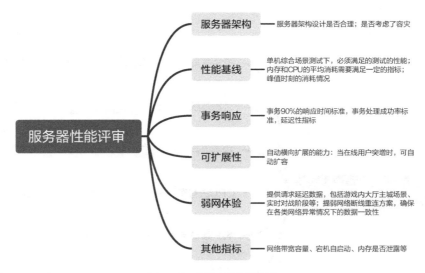

图 4.13　服务器性能评审

4.5.3　安全架构

在国内游戏外挂非常多的环境下，游戏安全是游戏运营人员必须重视的关键事项之一，因此，游戏上线前必须对其安全架构进行评审。安全架构评审如图 4.14 所示。从上线前评审的需求来看，并非所有模块的功能都要立即生效，例如在发行前，只需要确保游戏具备安全加固和信息安全两个模块的功能，其余模块的功能可以在游戏上线后逐步实现。

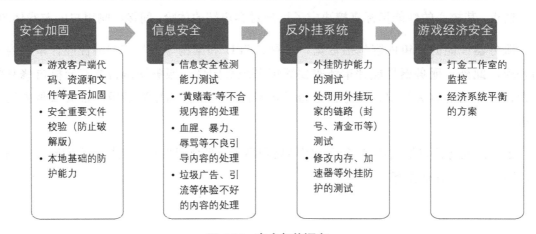

图 4.14　安全架构评审

- 安全加固：针对游戏安全进行的基础防护。安全加固可以有效地避免一些对游戏配置的篡改操作，并保护加固".so 文件"等关键资源。同时，通过植入一些最基础的加壳能力，支持对修改器、加速器等第三方辅助软件的检测。

- 信息安全：针对监管合规、玩家体验等进行的安全能力接入。除了满足国内游戏对合规安全的基本需求，对于可能影响玩家体验的内容，例如不合规内容、广告、侮辱性信息等，也需要坚决地进行打击和管理。
- 反外挂系统：针对游戏外挂进行处罚的模块。在初期，无须对反外挂的能力进行测试，只需要验证整体链路是否通畅，以及外挂的处罚机制是否能正常执行等基本功能。
- 游戏经济安全：针对打金工作室和涉及游戏经济平衡等作弊问题进行监控和管制的模块。类似于反外挂系统，该模块前期可以不用接入和测试，后期根据玩家数据的表现，针对性地增强监控和管制能力。

4.5.4　运维能力

虽然用户无法直观感知运维能力，但它却是在幕后无声地支撑着所有系统运作的关键环节，包括客户端、服务器、安全架构等诸多重要系统的运维。

运维能力通常围绕游戏上线的基础环境部署、运维架构设计、前端接入、数据库运维和运营支持资源等方面来保障游戏的正常运行。因此，运维能力评审也围绕这5个方面展开，如图4.15所示。在特定的业务场景中，还会有更多的细节指标来衡量运维能力。

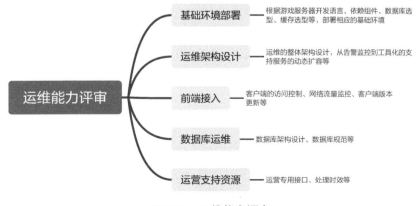

图 4.15　运维能力评审

4.6 小结

本章针对游戏正式发行前的游戏评审环节进行了系统性的阐述。首先介绍评审的整体流程和要点，有助于读者建立对评审核心目标的认识；其次介绍运营红线评审，即评测游戏内容是否合规，俗称"能不能玩"；再次介绍市场评估，即评测游戏的市场前景，俗称"盘子大不大"；从次介绍游戏内容评审，俗称"好不好玩"，评估游戏能否带来持续的收益；最后介绍非常核心且基础的技术性能评审，衡量游戏"操作流畅度"，评估玩家对游戏的体验。

第 3 部分

游戏项目管理

第 5 章 版本管理

第 6 章 本地化管理

第 5 章
版本管理

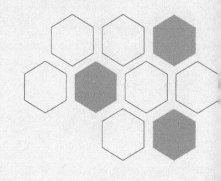

游戏版本管理是指在整个游戏开发和维护过程中,对游戏各版本的规划、监控、控制和优化。这个过程覆盖了从游戏设计之初到游戏发布后的更新与迭代的所有阶段,包含新功能的开发、游戏性能的提升、错误(bug)的修正和数值的调整等各个方面。而大多数游戏产品的本质是一个非常复杂的商业化产品,受游戏产品本身的开发特点影响,版本管理也会面临诸多挑战。常见的游戏产品开发特点如图 5.1 所示。

- 项目开发周期长:大中型手游的开发时间通常都在半年以上,甚至有些需要 1~2 年的研发过程,后续还有需要花费 3 个月以上的技术筹备等工作,因此整体开发周期较长。

图 5.1　常见的游戏产品开发特点

- 产品团队规模大:游戏研发涉及很多环节,例如策划、美术、程序、测试、运维、安全等,因此项目协作过程中涉及的角色很多,且角色差异性较大。

- 需求变化多而快:除了基本储备内容的开发,通常为满足用户需求,还要对游戏的内容进行调优,而且还会针对节假日策划各种活动和开发商业化版本;此外,在游戏运营期间,还会有各种数据、bug 等需要处理,所以游戏整体需求较多。

- 版本更新节奏快:手游版本的更新节奏很快,通常 2~4 周就有一个版本要发布,这就要求团队在有限时间内,完成各种内容调优和 bug 修复,甚至中间还会穿插各种临时的运营需求。

- 版本文件管理复杂:通常,除了官方正式文件包,还有许多渠道文件包需要管理,此外还涉及客户端文件的各种版本号的命名管理等。

总的来说，游戏版本管理是一个非常复杂的团队协作过程，对其细节的管控至关重要。所以针对版本管理，需要一套科学且严谨的工作流程来确保各项工作的顺利进行。

下文从游戏发行及运营的视角来介绍游戏版本管理，首先从版本管理的核心目标开始，展开版本管理的整体框架图。版本管理本身也是项目管理的一种，在开展工作前，要制定清晰的版本管理规范，从而可以大幅提高沟通和协作的效率。其次介绍版本日程管理，即是对版本日程进行排期，将其层层拆分到可执行的工作项，并明确分工。最后介绍核心版本的管理，此过程分为两个阶段，即新游前期接入和版本日常迭代。

5.1 核心目标

版本管理的核心目标可简单归纳为投入最具性价比的时间和资源，产出更高质量的新版本游戏。版本管理的框架如图 5.2 所示，其核心逻辑可以总结为立规范、定日程和做版本。

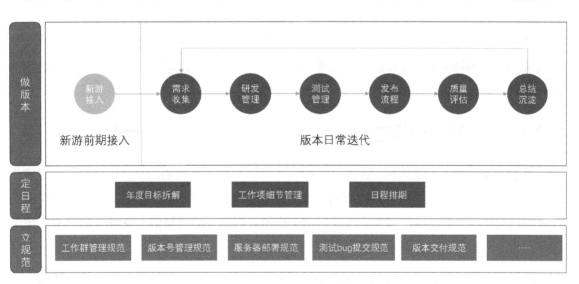

图 5.2　版本管理的框架

- 立规范：对于多角色、长流程的复杂工程，制定清晰且标准的规范可以大幅提升协作效率，例如工作群管理规范、版本号管理规范、服务器部署规范、测试 bug 提交规范和版本交付规范等。

- 定日程：作为项目管理工作，首先需要对年度目标进行层层拆解，直到得到可执行和可量化的最小单元，即工作项。其次通过工具对工作项的细节进行严格管理，可以做到分工明确。最后，整体视图通过工具管理形成日程排期，有助于清晰地纵览和掌握当前节点和下一个节点的进展情况。

- 做版本：版本运营过程可以抽象为两大阶段，即新游前期接入和版本日常迭代。新游前期接入，即游戏上线前的一些基础版本工作，如服务器环境部署、技术组件接入等。其中最核心的工作是技术筹备，即接入各种组件来满足游戏上线的需要，例如登录组件、支付组件、防沉迷组件和安全组件等。版本日常迭代是对游戏内容进行变更的常规化过程，其常见的流程是需求收集、研发管理、测试管理、发布流程、质量评估和总结沉淀。

5.2 版本管理规范

在进行版本管理时，首先需要制定一些标准的管理规范，因此，本节通过介绍 5 种常见规范来阐述某 MMOPRG 游戏的版本管理规范。在实际工作中，需要根据团队规模和协作内容，制定更适合产品的版本管理规范。

5.2.1 工作群管理规范

为了提高工作的沟通效率，首先要清晰地定义用于多角色沟通的正式工作群。工作群作为正式的沟通场所，主要用于讨论规划、排期、难点问题，以及同步重点事项等。如果群组数量多且混乱，每次出现新问题就创建新的工作群，则很容易遗漏信息或者无法追溯历史记录，因此，对工作群组进行规范管理显得尤为关键。

最基本的群组管理规范是依据工作群的功能和目标，对工作群进行分类，并为其统一设定前缀，以便快速识别。群命名和功能说明示例如表 5.1 所示。在日常工作中，针对更具体、详细的工作，可以参考此规范，新建更明确、清晰的群组。在实际工作中，具体的命名规范可根据需要灵活调整。

表 5.1　群命名和功能说明示例

工作群名称	功能说明
AA［运营］需求群	研发人员和运营人员对齐、调整运营需求
AA［技术］沟通群	研发技术讨论，例如让研发人员修复和优化游戏性能等
AA［运维］沟通群	版本运维信息的同步及讨论，例如服务器部署情况讨论、扩容讨论等
AA［安全］沟通群	安全模块接入和安全相关信息同步，例如外挂反馈、安全漏洞定位等
AA［测试］沟通群	游戏测试相关讨论，例如测试时间、测试用例、bug 复现等
AA［发布］沟通群	上线前后版本发布相关讨论，例如预审资料确认、发布过程中的问题确认等
AA［合规］沟通群	游戏合规相关讨论，例如与内审人员、公关人员、法务人员等确认游戏风险等
AA［外网］舆情群	跟进外部网络的舆情反馈，例如 bug 反馈、客服反馈、社区玩家舆情或跟进是否有重大突发问题等
AA［组件］沟通群	接入 SDK 等技术组件的讨论，也可以扩展为多个小群

5.2.2　版本号管理规范

在版本管理中，版本号扮演着至关重要的角色。它是一种数字标签，能够让我们迅速地检索和确认特定版本的信息。因此，版本号的管理规范同样重要。

通常版本号的制定会考虑以下因素。

- 平台规定：iOS 和 Android 厂商的提审要求是每次提交新版本时，前三位版本号必须增加，例如第一次提交时版本号是 0.1，那么下一次提交时版本号应当是 1.1。而且 Android 的 Build 号①不能低于上一次的，需要单独维护一个自增长 ID，从而避免不同分支构建的版本 Build 号过低。

- 资源版本号：每次发布手游的新版本，很多时候只是为了更新资源，并不需要变更客户端软件，因此版本号的制定需要考虑到资源版本号的兼容性问题。

- 服务器的向下兼容性：通常外部网络中有新、旧多个版本并行，所以服务器需要考虑向下兼容问题，例如 1.1 版的客户端可以登录 1.2 版的服务器。

- 版本号命名规则：版本的计划一般分为年度计划、月度计划、周计划等，在此期间会有紧急 bug 修复版本，因此从产品运营角度来讲，版本号的命名要清晰且有含义。

---

① 在 Android 开发中，Build 号通常指的是编译版本号，它主要用于内部管理和区分不同的编译版本。——编者注

某手游的版本号命名规范如图 5.3 所示。第一位是年度版本号，第二位是月度版本号，第三位是全量版本号，第四位是资源版本号。游戏服务器和客户端的版本号要相同。当版本更新时，新版本号一定要高于之前的版本号，且不能重复。

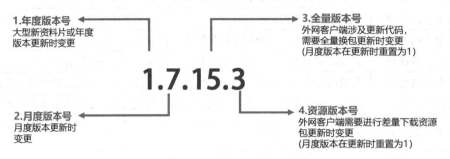

图 5.3 某手游的版本号命名规范

当版本更新时，更新客户端和服务器版本号的注意事项如表 5.2 所示。客户端更新方式主要分为全量换包更新和差量下载资源包更新，服务器更新方式分为停机更新和不停机更新。

表 5.2 更新客户端和服务器版本号的注意事项

编号	类型	名称	版本号变更	更新方式	用户感知
1	客户端更新	客户端代码更新	变更第三位	全量换包更新	1）多数正常情况下需要较长时间的全服停机更新，用户会被引导至应用商店重新下载完整客户端，安装后再次进入游戏；2）少数灰度更新情况不需要停机，新进用户将下载新包，老用户将继续使用旧包进行游戏
2		客户端资源更新	变更第四位	差量下载资源包更新	多数情况下不需要停机，用户进入游戏时将被提示或自动下载十几兆的资源文件，然后正常进入游戏
3	服务器更新	服务器代码更新	不变更	停机更新	1）多数情况下需要踢用户下线后较短时间地停服，更新后用户可以直接进入游戏，不需要下载资源；2）少数情况下不需要踢用户下线，用户无感知
4		服务器配置更新	不变更	不停机更新	1）少数情况下需要踢用户下线，用户感知为闪退；2）多数情况下不需要踢用户下线，用户无感知

5.2.3 服务器部署规范

游戏从研发到上线的过程中,会存在多个服务器同时运营的状态,例如体验服务器、本地化服务器、测试服务器、预发布服务器等。项目接入之初,测试环境的规划不够合理或准备工作不足,常会导致开发和测试工作受阻。因此,为保证整体流程顺利进行,提前做好服务器的准备工作以及制定相应的管理规范是极为关键的。

某手游服务器部署规范示例如表 5.3 所示。从服务器命名、描述、用途到支持的个性化信息等,都需要做到透明和规范地管理。

表 5.3 某手游服务器部署规范示例

使用者	服务器名	服务器说明	服务器位置	是否可以改时间
研发人员	研发服	用于游戏开发和测试的服务器	研发所在地	视情况
运营人员	测试服	用于对游戏进行测试的服务器	运营所在地	否
	镜像服	现网镜像服务器和现网版本一致,在新旧版本测试任务冲突时使用	运营所在地	是
	提审服	专用的提审服务器	运营所在地	否
	预发布服	和现网环境一致,发布前演练专用服务器	运营所在地	否
	体验服	外网核心玩家测试游戏数值和版本稳定性的服务器	运营所在地	否
	正式服	版本发布后的现网服务器	运营所在地	否

5.2.4 测试 bug 提交规范

测试环节是测试游戏上线前是否满足游戏版本发布质量的核心环节。通常,研发结束后,游戏难免会存在一些 bug,一般会造成玩家对游戏的理解产生偏差,其中严重的甚至会导致游戏闪退,影响玩家体验。因此,需要对 bug 进行精准的分类和描述,以及规范其提交流程。这样做不仅可以有效地对 bug 的优先级进行排序,还能通过统一的管理方法明确 bug 的提交标准,从而显著提升沟通和修复工作的效率。

某游戏使用 TAPD(腾讯敏捷产品研发平台)系统管理 bug。其中,测试 bug 提交规范示例如图 5.4 所示。标题可以清晰地指明 bug 产生的原因;优先级可以高效地对 bug 进行分类;详情描述和附件信息可以协助研发人员快速修复 bug。因此一个标准的 bug 提交规范至少包含以下关键信息模块。

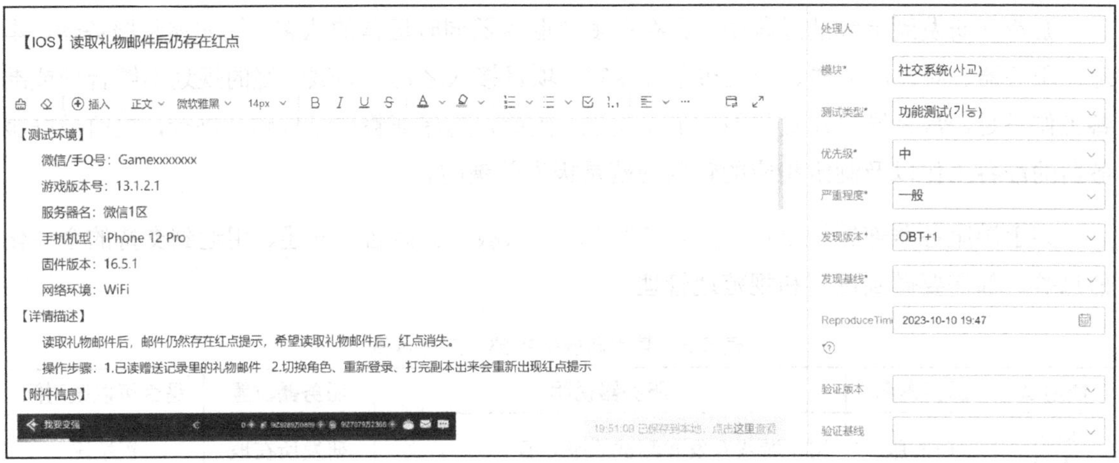

图 5.4 测试 bug 提交规范示例

- 标题：bug 的标题中应明确标注测试系统是 iOS 还是 Android，并提供问题的简洁概述，以便研发人员快速获取核心的信息。

- 基本信息：图 5.4 右侧展示了 bug 的基本信息，包括 bug 的模块、测试类型、优先级、严重程度、发现版本、发现基线以及发现时间（Reproduce Time）等。使用 TAPD 管理 bug 缺陷时，还可以添加自定义选项，从而实现对 bug 更细致的描述。

- 测试环境：描述测试场景的环境信息，包括游戏版本号、服务器名、手机机型、固件版本号、网络环境等信息。

- 详情描述：详细描述缺陷，包括当前存在的问题、问题重现步骤和预期修复效果。如果是偶然出现的 bug，还要进行特别的标注。

- 附件信息：附件通常是游戏内的截图或者视频，以便研发人员快速找到问题的原因。

5.2.5 版本交付规范

版本交付的核心规范通常包括文件命名规则、文件传输方式和邮件周知规范，详细内容如下。

1. 文件命名规则

游戏客户端不仅包含代码文件，而且包含资源文件，还要区分测试服和正式服的安装包。另外，服务器端除了包含代码和配置文件，还涉及数据库（database，DB）文件、协议文件等。因此，需要制定一套清晰的文件命名规则来确保文件的一致性。

某游戏交付过程中的文件命名规则如表 5.4 所示。通常，文件名称需要包含游戏名称、操作系统、版本类型、文件类型、版本号、交付时间和文件后缀。除了要满足文件的命名规则要求，一般还需要对文件进行哈希值校验，如 MD5 值校验，以确保文件传输过程中的一致性。

表 5.4 某游戏交付过程中的文件命名规则

案例	AA_Andriod_QA_bin_1.7.15.3_202410081905.apk
游戏名称	AA
操作系统	Andriod/iOS/Server
版本类型	例如正式服（LIVE）/测试服（QA）/体验服（TYF）等（用英文字母）
文件类型	二进制（bin）/资源（Resource）/配置（Conf）/数据库文件（DB）/日志（Log）（用英文字母）
版本号	1.7.15.3
交付时间	YYYYMMDDHHmm（年月日时分）
文件后缀	.apk/.ipa/.zip/.md5 等

2. 文件传输方式

文件传输通常使用共享传输软件实现，常见的软件是 FTP。交付的文件内容可以分为 3 部分，分别是客户端、服务器和其他约定文件目录。命名格式可以是文件类型/交付时间/版本号，如 client/20241008/1.7.15.3。

客户端目录主要包括交付 APK（安卓应用程序包）、IPA（iOS 应用程序包）和 Resource （资源）包。服务器目录主要包括服务器端发布版本、Resource 文件、Conf 文件、DB 文件和 XML 文件等。其他约定文件目录中可以存放其他约定内容。

3. 邮件周知规范

提交文件后，研发人员需要整理版本信息并通过邮件将其共享给运营团队，方便归档和确认，同时版本项目经理（project manager，PM）需要将版本信息同步给运维人员进行部署。

有关版本更新的规范邮件案例如表 5.5 所示。

表 5.5 有关版本更新的规范邮件案例

更新前版本	1.7.14.1	
更新后版本	1.7.15.3	
客户端版本提取路径	（FTP 路径）客户端：/client/20241008/1.7.15.3	
客户端安装包（安卓举例）	AA_Android_LIVE_Client_bin_1.7.15.3_202410081905.apk AA_Android_LIVE_Client_Resource_1.7.15.3_202410081905.zip	AA_Android_LIVE_Client_bin_1.7.15.3_202410081905.md5 AA_Android_LIVE_Client_Resource_1.7.15.3_202410081905.md5
客户端安装包（iOS 举例）	AA_iOS_LIVE_Client_bin_1.7.15.3_202410081905.ipa AA_iOS_LIVE_Client_Resource_1.7.15.3_202410081905.zip	AA_iOS_LIVE_Client_bin_1.7.15.3_202410081905.md5 AA_iOS_LIVE_Client_Resource_1.7.15.3_202410081905.md5
服务器端版本的提取路径	（FTP 路径）服务器端：/server/20241008/1.7.15.3	
服务端资源	AA_Server_resource_Full_1.7.15.3_202410081905.zip	AA_Server_resource_Full_1.7.15.3_202410081905.md5
服务端程序	AA_Server_bin_Full_1.7.15.3_202410081905.zip	AA_Server_bin_Full_1.7.15.3_202410081905.md5
服务器 DB	AA_Server_DB_Diff_1.7.15.3_202406101400.zip	AA_Server_DB_Diff_1.7.15.3_202406101400.md5
服务器配置文件	AA_Server_Conf_Diff_1.7.15.3_202410081905.zip	AA_Server_Conf_Diff_1.7.15.3_202410081905.md5
Log	AA_Server_Log_Full_1.7.15.3_202410081905.zip	AA_Server_Log_Full_1.7.15.3_202410081905.md5
Log 变更	Log.xml Log 变更说明文档.txt	

配置文件变更表
（含 Conf 和 XML 文件）
	配置变更说明（举例）：
	df_gamesvr.Conf
	  1.［COMMON］
	    W_id Add
	  -［COMMON］标签配置项目中增加 W_id 配置项目，配置××环境实际的大区 ID
	  2.［LogGER］
	    files Delete
	  -［LogGER］标签配置项目中删除 files 配置项目	

重点信息摘要、注意事项	备注（举例）： 本次更新需要停服	

5.3 版本日程管理

正如 5.1 节所述，版本日程管理的核心，首先是对年度目标的拆解，直到将年度目标拆解成可执行和可量化的工作项；其次是对工作项细节的管理，从而保证版本工作的有效落地；最后通过日程排期进行全局管理，以推进版本管理的整体工作。

5.3.1 年度目标拆解

年度目标拆解指的是通过制定年度计划来展开一整年的大规划，然后层层拆分，直至最小的工作单元，即工作项。年度目标拆解方案如图 5.5 所示。

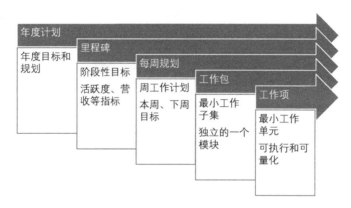

图 5.5　年度目标拆解方案

- 年度计划：版本运营的年度目标和计划。通常游戏开发商会先规划一整年的开发计划，但游戏市场尤其是手游市场变化较快，运营方需要根据游戏数据情况、玩家反馈等信息来调整运营策略和优化游戏内容，因此年度计划还要细分为半年计划或里程碑等。
- 里程碑：从年度计划拆分出来的阶段性目标，即游戏运营期间需要上线的阶段性版本。每个游戏版本都会有要达成的阶段性目标，例如拉新、促活等。阶段性的目标不同，里程碑版本的内容需求也会不同。
- 每周规划：从里程碑继续向下拆解至每周所得到的规划。版本 PM 每周会验收上一周的日常工作内容，并做好下周规划，同时将下周重要事项传达给相关人员，以保证版本日程的正常推进。

- 工作包和工作项：年度目标层层拆分所得的最小工作子集和最小工作单元。工作包可以看作父需求，工作项可以看作子需求。例如，版本预发布可以看作父需求，该父需求可以继续拆分为服务器发布、客户端配置、冒烟测试等子需求。

5.3.2 工作项细节管理

针对年度目标层层拆分，最终聚焦到可以落地的工作包和工作项。其中，工作项是可以独自完成且清晰量化的最小单元。工作项的完成质量直接决定了版本管理的最终质量，所以工作项的拆分标准很重要。工作项的拆分要素如图 5.6 所示。

图 5.6　工作项的拆分要素

- 需求分类：版本管理的过程涉及多角色和多环节的沟通，所以标准的需求分类有助于清晰地管理每一个环节的完成情况及异常情况。

- 需求内容：工作内容的描述，需要确保内容清晰、可完成、可衡量。

- 责任人：负责此工作的责任人。责任人可以是接口人，也可以是具体开发人员。

- 预估工时：需求完成的时间。对于预估工时较长的需求，需要多方沟通确认，直至将需求拆解到更细的工作项。

- 开始/结束时间：明确的需求开始和结束的时间。一般结束时间减去开始时间要大于或等于预估工时。

- 优先级：根据需求的重要程度和紧急程度，将需求的优先级分为高、中、低等级别。高优先级的需求需要优先被满足。

对于工作项管理，还有更多细节要求，所以实战中需要使用系统化的工具来统一和自动管理工作项，同时也便于日后的总结和迭代。目前市面上有很多好用的敏捷协同软件，基于 TAPD 的工作项细节管理案例如图 5.7 所示。

图 5.7 基于 TAPD 的工作项细节管理案例

5.3.3 日程排期

在前述年度目标拆解和工作项细节管理的基础上，可以清晰地预览节点的执行情况和下一步规划。如果基于 TAPD 管理年度目标拆解和工作项细节，那么可以生成单版本日程排期，如图 5.8 所示。根据单版本日程排期，可以清晰地掌握当前已完成、未完成的节点情况和下一步规划，从而提高版本管理工作的效率。

在长流程的版本管理过程中，如果使用单版本日程排期管理及推进流程，那么每个节点的工作结束后，流程都会处于等待状态。为了有效利用资源，应当避免等待，继续展开下一个版本的工作，由此形成了多版本日程排期。多版本日程排期是基于单版本日程排期的多项目并行的管理过程。多版本日程排期示例如图 5.9 所示。

第 5 章　版本管理

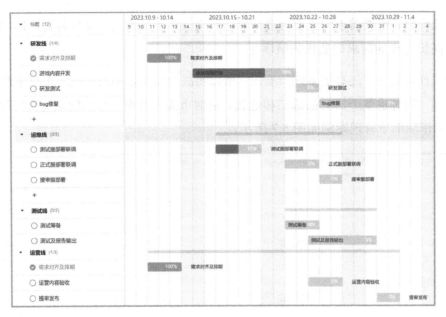

图 5.8　单版本日程排期

图 5.9　多版本日程排期示例

5.4　新游前期接入

本节主要阐述部分核心的新游戏前期需要接入的组件和工具。关于更多的组件或工具的介绍，包括其接入方案细节，详见本书第 3 章。

---

① OBT，全称为 Open Beta Test，是游戏和软件开发中的一个关键阶段，向大众开放测试以收集用户反馈。"OBT+1"和"OBT+2"代表公开测试后的后续阶段。——编者注

5.4 新游前期接入

新游前期接入的核心目标是保证游戏可以顺利上线运营，通常可以分三个阶段：首先是运营所需的基础组件接入；其次是运营的"生命线"，即合规接入；最后是运营工具接入。新游前期接入的流程如图 5.10 所示。

图 5.10 新游前期接入的流程

5.4.1 基础组件接入

基础组件是保证游戏正常发行的最基础的组件，例如登录组件、支付组件、安全组件等。对于大的游戏发行厂商，其业务范畴往往涵盖多款游戏的发行，为了提升效率与一致性，这些企业通常会把细分的功能集成到一些 SDK 中。以 MSDK（游戏公共组件和服务库平台）为例，该 SDK 集成了 QQ、微信登录、分享、好友关系等多种功能，旨在为游戏开发者提供便捷的服务支持。常见的基础组件及其应用场景如表 5.6 所示。

表 5.6 常见的基础组件及其应用场景

组件名称	应用场景
登录组件	用于注册登录，同时集成分享、好友关系链或游戏社区等功能
安全组件	守护游戏安全，具有防外挂、打击影响游戏经济环境的打金工作室和黑灰产等功能
日志组件	收集游戏内玩家行为和游戏数据信息的组件，可以帮助游戏运营人员进行数据分析
性能组件	用于监控游戏性能，包括 bug 反馈、崩溃分析、机型分析等功能
支付组件	包含游戏内支付等功能

5.4.2 合规接入

合规接入是国内游戏运营"生命线"的保证，常见的必备合规接入有游戏健康系统、游戏 UGC 合规、隐私合规等的接入。常见合规组件及其应用场景如表 5.7 所示。

表 5.7 常见的合规组件及其应用场景

组件名称	应用场景
游戏健康系统	保护未成年人，防止其沉迷游戏等
游戏 UGC 合规	保护游戏的 UGC 合规，比如接入敏感词库等
隐私合规	在游戏上线前接入隐私条款和适龄提示等

5.4.3 运营工具接入

运营工具是支撑运营分析的一些基础工具或平台，可以方便运营人员便捷地查看和操作游戏数据、发布活动等，例如经营分析系统、业务受理系统等。同时游戏内的一些日常活动、公告、全服邮件等也可以通过运营工具来管理。常见运营工具及其应用场景如表 5.8 所示。

表 5.8 常见运营工具及其应用场景

运营工具名称	应用场景
经营分析系统	数据监控和采集系统，可以帮助游戏运营人员进行数据分析
业务受理系统	游戏常见问题解答（FAQ）和客服咨询
辅助工具	包含多个可选的组件，如公告管理平台、游戏用研入口、移动推送系统等
渠道 SDK	上架到各渠道时接入的渠道 SDK，用于渠道账号登录、渠道下载量统计等

5.5 版本日常迭代

当游戏正常上线运营后，版本管理就进入了常规的版本迭代阶段，称为版本日常迭代。上文在核心目标中提到版本日常迭代的流程可以概括为 6 个阶段，分别是需求收集、研发管理、测试管理、发布流程、质量评估和总结沉淀。下文针对每个阶段，通过实际案例来阐述其细节。

5.5.1 需求收集

通常游戏开发商会制定全年或者里程碑内容的研发储备计划，但为了实现更好的运营效果，运营团队和研发团队会根据实际工作情况调整研发内容的计划，而且支撑团队也会提出临时的研发需求，例如安全团队或数据分析团队可能提出需要上报更多日志的需求。因此，收集前期需求是非常核心的前置工作。

在理想的情况下，一个版本的研发可以实现所有的需求，但是现实情况下每个版本的开发时间有限，所以需要按照版本节奏和核心目标，对需求进行拆分。对于不同的游戏类型和研发团队现状，拆分的计划可以适时调整。

需求的来源如图 5.11 所示，主要是内容储备；其次是活动内容、商业化内容、数据需求和技术调优；最后是其他需求。

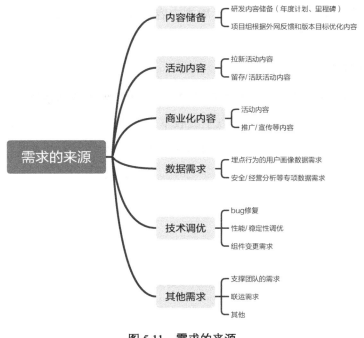

图 5.11 需求的来源

需要特别注意的是，除了跟随版本节奏更新的需求，还有不随版本节奏更新的需求，例如安全组件的内容变更。虽然可以不随版本节奏进行需求的更新，但更新前也要提前报备需求，并且严格按照特殊流程（不随版本节奏发布的流程）来更新。

5.5.2 研发管理

研发是游戏版本内容及需求落地的核心环节。研发管理通常有两种类型：一是针对代理游戏的研发管理，二是针对自研游戏的研发管理。

针对代理游戏的研发管理，通常是发行侧版本 PM 与游戏方的研发 PM 或者研发接口人对接。一般双方需要沟通并确认版本内容、协定版本日程、跟进开发进度和一些核心注意事项等细节。对于从海外引进的代理游戏，在研发过程中还会有本地化接入的过程。

针对自研游戏的研发管理，通常会设立研发 PM 或版本 PM 的岗位。在一些较大的游戏研发项目团队中，研发 PM 和版本 PM 通常是不同岗位，甚至每个岗位由多名人员担任。但是在有些小的敏捷开发团队中,这两个岗位往往合二为一,由一个人负责。研发管理的核心分为两部分:一是研发分支管理,即对此版本内容的版本号及对应代码的管理;二是研发过程管理,即针对美术、策划、测试等流程的项目管理。

1. 研发分支管理

在研发分支管理中,版本管理通常采用 SVN、Git 等版本控制系统来完成。首先,游戏的基线版本(主线版本)发布。其次,以主线版本为基础拉新分支,即开发分支版本。最后,分支版本经改动后稳定下来,再被合并到主线版本中。某游戏的研发分支管理过程如图 5.12 所示。

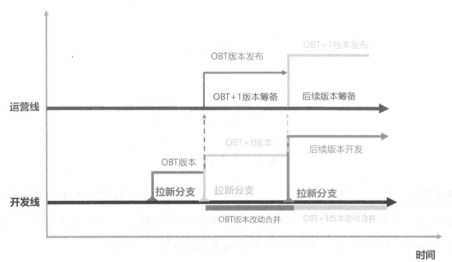

图 5.12 某游戏的研发分支管理过程

图 5.12 中的开发线即主线版本的开发线。当运营人员提出新版本日程时,研发人员先复制分支(OBT 版本);待 OBT 版本研发结束进入测试等后续环节时,研发人员继续开发下一版本,即 OBT+1 版本。此时,研发人员也要利用中间档期修复 OBT 版本的 bug 等,待完成修复后,将 OBT 版本合并到主线版本中,同时合并到 OBT+1 版本中。这也意味着下一个新版本是在当前新版本的基础上生产的。以此类推,多版本的研发是相互交替进行的,在此过程中,始终有一个主线版本作为稳定的基线版本。

2. 研发过程管理

研发过程管理是对研发生产环节的细节进行管理。某游戏的研发流程如图 5.13 所示。

在理想情况下，整体研发环节会沿左侧图流转，当研发进度正常时，会进入测试环节。但手游的发布节奏比较快，通常一个需求的研发时间比较紧凑，很容易因为一些额外的需求而对研发需求进行调整。这也是考验研发 PM 能力的关键时刻。通常，研发人员按标准的流程来处理需求的变更，当前版本的质量往往通过遗留需求数量来评估。在测试版本验收通过后，正式进入测试环节，测试人员将输出测试报告。

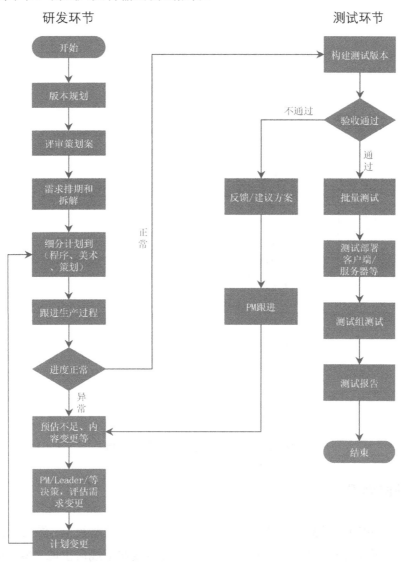

图 5.13　某游戏的研发流程

通常在外网运营游戏时，可能会出现需要紧急修复的情况，此时就需要研发人员按照既定的紧急修复流程来修复问题，进而迭代版本。某游戏紧急版本的研发流程如图 5.14 所示，该流程图只描述了核心环节。对于不同的研发团队和业务场景，紧急版本的研发流程会有不同详细程度的内容。

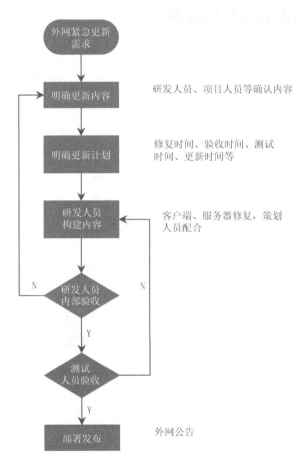

图 5.14　某游戏紧急版本的研发流程

5.5.3　测试管理

在研发结束并完成自测后，研发人员会打包版本到指定的路径上，游戏开始进入测试环节。测试是版本质量评审的核心环节，通常为了保证游戏在上线后出现"零"重大事故，需要有全方位的测试方案。

测试一般分为基础测试、功能测试、专项测试和合规测试。当然，版本更新的内容不同，测试的重点和优先级也不同，而且在不同的游戏业务团队中测试指标也不尽相同。

本节通过列举一些常见的指标阐述测试管理的含义。测试管理的常见分类如图 5.15 所示。

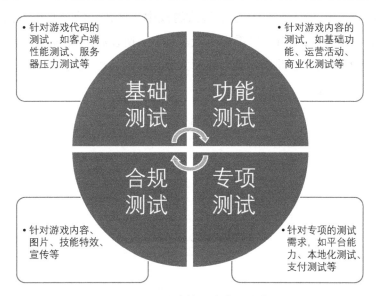

图 5.15 测试管理的常见分类

需要特别注意的是，测试 bug 的提交需要遵循前文所述的测试 bug 提交规范，这样才能大幅提升沟通和定位问题的效率。另外，测试管理中的测试内容和指标与第 4 章游戏评审中的部分内容相似，其中相似的部分在游戏上线前的测试验收指标一般是相同的，但本节的测试管理侧重阐述的是伴随游戏生命周期中每一个版本的发布，都要进行的严格测试，而且随着游戏运营阶段和外网情况的变化，对测试的指标和内容也会进行针对性的优化。

1. 基础测试

基础测试的核心是针对游戏代码的测试，其内容至少包括客户端 Crash 率测试、弱网测试、机型适配测试、客户端性能测试、容灾测试、服务器性能测试等。在不同的业务场景下，基础测试还会有不同的分类方式，甚至会有更细分的量化指标。基础测试的常见内容如图 5.16 所示。

- 客户端 Crash 率测试：Crash 率是评估版本质量的核心指标之一，通常是指在程序运行过程中，因某种原因程序停止响应、进程中断或异常结束等情况的占比。在某些大型互联网企业，Crash 率会直接影响游戏能否上线以及上线当天的用户导量策略，例如某厂商要求游戏版本的 Crash 率低于 3%才能发布到外网。

- 弱网测试：弱网是指网络环境不佳，例如在乘车等移动环境下空间网络不好，可能存在网络抖动、丢包等情况，进而造成游戏中一些核心的交互场景出现如收支不等、客户端卡死等异常情况，严重影响玩家体验。所以游戏弱网测试是指通过模拟客户端到服务器的网络通路的参数，还原大量用户实际游戏的体验过程，从而对可能存在的问题进行优化。

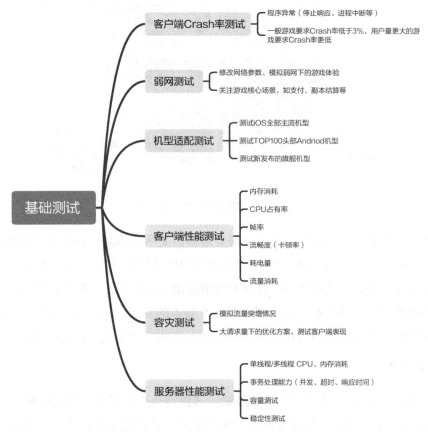

图 5.16 基础测试的常见内容

- 机型适配测试：移动设备主要使用 Android 和 iOS 两大操作系统。iOS 机型有限且比较标准，但 Android 厂商众多且每个厂商又有很多机型，尤其是 Android 的碎片化很严重，更凸显测试该类机型的必要性。在机型众多的背景下，机型适配测试需要选择头部机型。例如某大厂游戏，TOP100 机型的使用者占玩家的 60%，TOP300 机型的使用者占玩家的 84%。所以机型适配测试通常要求对 TOP300 的机型进行测试。当然，大厂的机型适配测试可通过专门的测试平台完成，例如 WeTest 腾讯质量开放平台可以提供自动化测试方案。还需要特别注意的是，针对移动设备厂商新发布的旗舰机型的测试，因为新机型刚上市时用户量比较少，所以需要人工纳入测试集合。机型适配测试的量化指标应符合一定要求，例如不通过测试的机型占比不超过总机型的 5%，不适配的机型中也不能有用户量高的头部机型。

- 客户端性能测试：客户端性能测试的指标比较多，不同的业务场景中其分类也有差异，本节主要从常见的内存消耗、CPU 占用率、帧率（FPS）、流畅度（卡顿率）、耗电量和流量消耗等方面进行阐述。其最终目标是在降低游戏客户端对设备硬件资源消耗的同时，保证游戏流畅的体验。某游戏客户端性能测试指标如表 5.9 所示，其中参考数据来源于腾讯 WeTest 发布的《2020 移动游戏质量白皮书》。

表 5.9 某游戏客户端性能测试指标

编号	客户端性能测试指标	测试指标参考数据
1	内存消耗	Andriod 内存消耗指标（PSS）：一档 PSS≤1400 MB，二档 PSS≤1200 MB，三档 PSS≤1000 MB iOS 内存消耗指标（PeakFootprint）：一档 PeakFootprint≤1100 MB，二档 PeakFootprint≤900 MB，三档 PeakFootprint≤800 MB
2	CPU 占用率	Andriod（不区分机型）：单核 CPU 峰值占用率小于 90%，综合平均 CPU 占用率小于 60% iOS（不区分机型）：单核 CPU 峰值占用率小于 90%，综合平均 CPU 占用率小于 80%
3	帧率（FPS）	Andriod 一档、二档机型≥25FPS，三档机型≥18FPS iOS 一档、二档机型≥25FPS，三档机型≥18FPS
4	流畅度（卡顿率）	Andriod 一档、二档机型卡顿率≤2%，三档机型卡顿率≤10% iOS 一档、二档机型卡顿率≤2%，三档机型卡顿率≤10%
5	耗电量	一是同类型游戏的耗电量，二是玩家的体验反馈。原则是在保证游戏体验的同时尽量减少电量消耗
6	流量消耗	同类游戏的流量消耗可以作为衡量标准

- 容灾测试：容灾是为了避免流量突增导致系统崩溃而进行的设计。在正常情况下，用户数量的显著增长，通常归因于游戏运营商实施的一系列拉新和促活策略，这些活动有效地推动了游戏新用户和活跃用户的快速增长。因此，容灾测试需要围绕两

方面展开，一是产品是否有容灾设计，即是否设计了登录排队系统、系统繁忙时的友好提示页面等，二是故障升级后系统是否有自动限制登录功能，例如登录超时或者失败几次后，系统是否限制登录时间等。

- 服务器性能测试：服务器性能测试类似于客户端性能测试，通常会有很多细分的指标。本节重点从单线程/多线程 CPU、内存消耗、事务处理能力、容量测试和稳定性测试等方面来阐述服务器性能测试指标，如表 5.10 所示，其中参考数据来源于《腾讯 WeTest 2020 移动游戏质量白皮书》。

表 5.10　服务器性能测试指标

服务器测试指标	测试指标参考数据
单线程/多线程 CPU、内存消耗	单进程服务单核 CPU 占用率不超过 70%； 多线程服务消耗占比不应超过线程 CPU 的 70%，内存无 swap
事务处理能力	90%的事务响应时间不超过 1 秒，成功率达 99.9%
容量测试	容量覆盖 90%以上的流量协议， 可承载 1.5 倍以上的峰值压力
稳定性测试	持续 10 个小时以上的时间内，服务器无重启、内存无泄漏、吞吐量无下降

2．功能测试

功能测试是针对游戏版本内容的测试，通常可以分为基础功能测试、活动内容测试、商业化内容测试和版本更新内容测试。其中，版本更新内容测试是版本日常迭代的重点。功能测试的常见内容如图 5.17 所示。

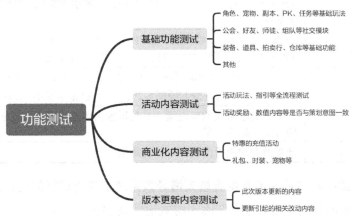

图 5.17　功能测试的常见内容

5.5 版本日常迭代

内容变更的版本都有特定的游戏内容调整,包括但不限于游戏玩法、新资料片、职业、活动、商业化内容等。针对这些内容的测试,需要有相应的策划方案,除了验证游戏内容是否存在逻辑上的 bug,还需要根据策划方案测试游戏内容和数值是否与策划意图相符。

3. 专项测试

专项测试是除了基础测试、功能测试,针对游戏的一些特别且重要的功能进行的专门测试,例如平台能力测试、组件模块测试、本地化模块测试、安全模块测试、数据模块测试、支付模块测试等。不是所有游戏都会涉及上述每个模块的测试,例如本地化模块测试一般是针对代理海外游戏或者自研出海游戏的专项测试。

专项测试的常见内容如图 5.18 所示。

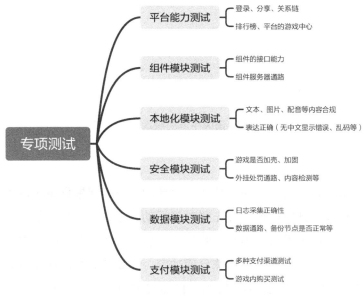

图 5.18 专项测试的常见内容

4. 合规测试

游戏的合规测试非常重要。除了游戏正式对外发布与运营前应对游戏内容进行合规测试,在游戏上线后、每次更新大版本时,还应该针对游戏内容进行合规测试。大厂一般会有专门的中台团队,其职责是围绕新内容是否存在不良引导、版本推广和宣传主题是否有敏感内容、宝箱/抽卡内容的概率是否在官网展示等要点来进行合规测试。

除了对游戏内容进行合规测试，还需要测试用户生成内容（UGC）合规审核系统是否有针对合规新要求的迭代能力，以及客户端版本隐私是否合规等。合规测试的内容是伴随政策的要求而不断优化的，因此游戏开发商和相关人员需要时刻关注相关政策的变化。

5.5.4 发布流程

当游戏版本通过内部测试和验收后，版本管理就进入了对外的版本发布环节。以国内手游为例，其在 Android 或者 iOS 系统上发布版本时，通常会经过发布评审、预发布、出公告和正式发布等 4 个阶段。国内手游的版本发布流程如图 5.19 所示。

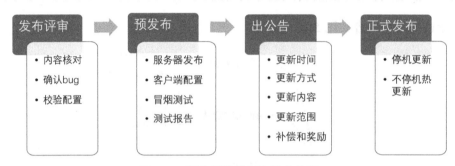

图 5.19　国内手游的版本发布流程

1. 发布评审

在正式发布游戏前，对其进行评审是非常重要的，评审结果直接决定了游戏发布后出现突发问题的概率。在发布评审阶段，首先要对接活动策划、商业化策划、运营推广以及研发技术等相关人员，核对版本发布的内容。此外，特别要注意的是，版本内容不能涉及近期的敏感话题，发布日期不能与近期某些特殊日期冲突。例如某 MMORPG 游戏已经确定了年度大版本的发布日期，但是由于近期某地发生了自然灾害，该时间段内的舆论以缅怀纪念为主，因此对于娱乐类的产品版本发布，需要推迟原定的版本发布日期。

当游戏内容确认无误后，需要对游戏的 bug 状态和遗漏 bug 进行确认和筛查，防止遗漏高风险 bug，以免影响游戏性能。同时版本 PM 需要校验配置信息，例如邮件配置信息是否正确、SVN 日志提交是否准确、白名单配置是否正确等。

2. 预发布

预发布阶段实际上是对发布流程的整体模拟和最终的测试校验。预发布阶段至少会经历如下几个步骤。

（1）通知运维人员对服务器版本进行发布，同时刷新客户端预发布环境的配置。

（2）在正式发布游戏之前，需要再进行一次测试，该测试通常被称为"冒烟测试"。

（3）通过预发布阶段的冒烟测试后，根据测试报告评估游戏是否可以正常发布。

3．出公告

通过冒烟测试后，版本 PM 可以准备游戏公告。某游戏的更新公告如图 5.20 所示。游戏公告中的重要信息有游戏更新时间、更新方式、更新内容、更新范围及补偿和奖励等。

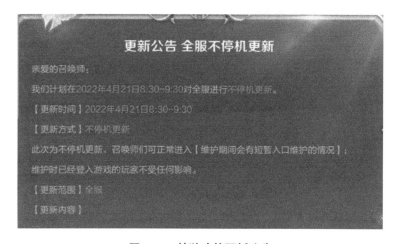

图 5.20　某游戏的更新公告

需要特别注意的是，停机更新（或维护）时一定要明确告知玩家游戏的停机时间及开服时间，并提前在游戏内用跑马灯①做好预告，否则玩家会因不知道停服时间和开服时间而进行大量投诉。更新范围要明确指出本次更新的范围，是部分维护还是全服维护等，需要在更新公告中明确。

同时，针对版本更新或紧急维护的情况，要提前准备好补偿和奖励，并在更新公告中告知玩家。这样做一方面是为了吸引玩家体验新版本，另一方面是为了缓解玩家对停机维护的反感情绪。

---

① 跑马灯在游戏界面中通常作为一个动态信息公告板，它以一种滚动的方式呈现最新的游戏内容，如活动更新、装备掉落等。

第 5 章 版本管理

4．正式发布

通常版本的更新发布方式分为两种，分别是停机更新和不停机热更新。下文通过实际案例来描述更新的流程。

停机更新的流程如图 5.21 所示。

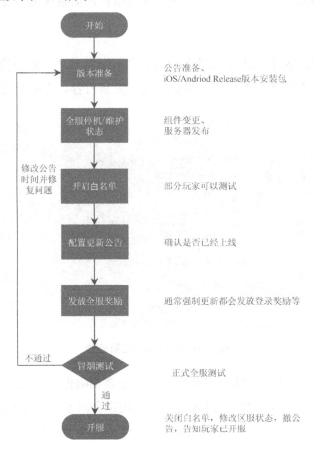

图 5.21 停机更新的流程

- 版本准备：在正式发布前，需要准备公告、iOS/Android Release 版本安装包等。

- 全服停机/维护状态：核心内容是组件变更和服务器发布。

- 开启白名单：针对部分玩家，授予其正式测试的渠道和环境。

- 配置更新公告：在应用市场上搜索游戏名称或关键词，确认游戏已上架。

- 发放全服奖励，一般针对强制更新的版本会单独发放更新奖励。
- 冒烟测试：发布后，还会针对游戏进行一轮冒烟测试，以模拟外网真实玩家的游戏行为。

停机更新需要更换整个游戏版本安装包，所以在发布新版本前要使所有玩家下线并关闭游戏服务器。通常 iOS 发布的等待时间相对较长，从发布到上架需要花费几个小时，因此要提前提交发布，为审核预留充分的时间。需要特别注意，如果停机更新前的冒烟测试无法通过，相关工作人员及上级决策者通常要沟通讨论，以决定是否优先修复游戏版本，推迟开服事宜。

不停机热更新的流程如图 5.22 所示。相较于停机更新，不停机热更新的流程比较简单，通常会分为正常版本的不停机热更新和不随版本发布的更新。

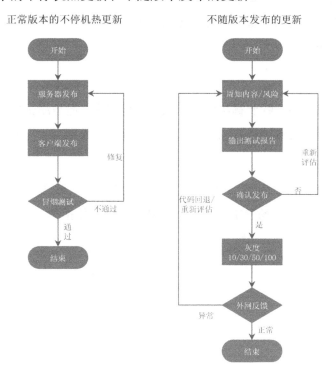

图 5.22 不停机热更新的流程

- 正常版本的不停机热更新流程：一般以资源包的方式进行更新，更新时无须玩家下线，在玩家下次进入游戏时系统会自动提示玩家游戏有更新，并引导玩家下载和更新资源包。一般资源包更新不涉及游戏内代码和美术资源的变动，相对来说，游戏改动影响的范围较小，更新的过程也比较简单。

- 不随版本发布的更新流程：一些特殊的场景（例如安全对抗场景）的更新遵循不随版本发布的更新流程。针对外网外挂变化很快的现实情况，通常需要定制安全策略，所以安全客户端组件会通过这种特殊的方式更新。在此方式下，玩家对更新并无感知。

5.5.5 质量评估

质量评估是对版本在外网运营的异常情况、版本运行中存在的问题等进行多维度的量化评估，用于评价此次版本的质量。

从版本发布前到上线后，为了构建科学的版本质量评估体系，首先需要量化一些评估指标，例如上线前的遗留需求数量、遗留 bug 数量等，其次要基于数据指标来构建版本质量评分。其详细过程如下。

1．评估指标

理论上在版本验收时，就要解决所有的版本质量问题。但是测试环节只是模拟玩家的行为，无法真正覆盖所有场景下的行为，所以在游戏发布到外网后，需要根据外网舆情监控玩家的反馈，构建量化指标。

版本质量的评估指标如图 5.23 所示，覆盖了发布阶段、安装阶段、运营阶段和紧急修复阶段等。在实际游戏业务场景中，还可以定制更多的量化指标。

图 5.23　版本质量的评估指标

- 发布阶段：即版本上线前的阶段。通常可以通过版本提交的准时性、遗留 bug 数量和遗留需求数量等指标量化版本质量。

- 安装阶段：即游戏更新后，玩家下载新游戏安装包或者更新资源包的阶段。此时可以通过安装/更新成功率、安装/更新时间和兼容性等指标量化版本质量。

- 运营阶段：即玩家正常游戏的阶段。此时可以观测和跟踪的指标非常多，例如客户端性能、服务器性能、玩家反馈 bug 数量、社区舆情、应用市场评分等。
- 紧急修复阶段：一般不存在此阶段，一旦出现，说明此版本遇到了一些大问题。此时，可以通过紧急更新次数和停机更新时间等指标来衡量版本质量。

2．质量评分

基于上文的评估指标，可以对每一个细项评分。通常评分采用扣分制，默认初始分值为 100 分，层层扣分，最差的情况为 0 分。一般情况下，一个合格的版本评分应达到 80 分以上，甚至 90 分左右。某 AA 项目的质量评分规则如表 5.11 所示，其中计分规则仅仅是参考，实际业务中可以灵活定制。

表 5.11　某 AA 项目的质量评分规则

阶段（满分 100 分）	细则参考		计分（扣分）规则参考
发布阶段	版本提交的准时性		每延迟一天扣 5 分
	遗留 bug 数量		1 个 bug 扣 1 分
	遗留需求数量		重要需求数量：1 分/个
安装阶段	安装/更新成功率		根据失败率定级扣分
	安装/更新时间		
	兼容性		
运营阶段	客户端性能	Crash 率、弱网络、卡顿	根据卡顿率、Crash 率上涨幅度扣分，例如 Crash 率上涨一个百分点，扣 5 分
	服务器性能	容灾、延迟	服务器整体延迟，扣 20 分；或者影响用户少，扣分少，可以根据影响面扣分
	玩家反馈 bug 数量		致命 bug 10 分/个，(影响用户不多的)严重 bug 5 分/个，其余 bug 1 分/个
	舆情和评分	社区舆情、应用市场评分、客服反馈	社区舆情呈负向走势，分等级扣分 应用市场评分下降，乘以相应系数扣分

续表

阶段 （满分 100 分）	细则参考		计分（扣分）规则参考
紧急修复	紧急更新次数	是否需要停机修复	停机一次，扣 10 分
	停机更新时间	停机超过几个小时 扣几分	停机超过 2 个小时，再扣 10 分；超过 4 个小时，继续扣 10 分

5.5.6 总结沉淀

在版本日常迭代中，总结沉淀的核心目标是复盘当前版本的质量情况和玩家反馈，从而优化后续版本的迭代过程。版本总结参考文档如图 5.24 所示，应该至少包含前 5 个模块。其中，总结模块针对所有细节进行清晰的汇总；数据详情模块主要是针对客户端 Crash 率、服务器性能、游戏战斗行为等指标的数据监控；玩家反馈模块主要是针对外网的社区反馈、应用市场评论和玩家团的反馈的总结；重大事件模块主要列出因为一些重大 bug 导致需要紧急修复的情况，需要清晰描述问题的原因、影响面和修复方式等；改进方向模块要指明后续优化的方向，是优化流程还是工作范围，是优化某些人力配置还是监控指标等。

```
一、总结
  1. 客户端整体指标
  2. 服务器整体指标
  3. 玩家反馈
  4. 游戏数据指标
二、数据详情
  1. 客户端指标详细数据（表格、趋势图等）
  2. 服务端指标详细数据（表格、趋势图等）
  3. 游戏内行为及数据（趋势图）
三、玩家反馈
  1. 舆情指数、趋势
  2. 玩家社区评价数据详情（图表）
  3. 玩家负面内容分析
四、重大事件
  1. 严重bug修复
  2. 停机更新次数及其时长
  3. 外网突发事件跟进（如安全误封等）
五、改进方向
  1. 流程上的优化
  2. 某节点专项优化（如研发排期）
  3. 监控指标优化
六、附件内容
  补充图表、数据、文件等
```

图 5.24 版本总结参考文档

5.6 小结

本章重点介绍了游戏版本管理的核心工作内容。首先根据版本管理工作的核心目标，拆分出版本管理的架构，该架构包含版本管理规范、版本日程管理和版本运营过程。其中版本运营过程又分为两个阶段，分别是新游前期接入和版本日常迭代。针对每一个环节，通过实际工作案例沉淀出方法论，梳理流程和工作细节。不同版本管理工作的整体思路都相差不大，然而在实际工作中，每个团队需要根据自身的现状，制定不同的工作流程和内容。

第 6 章
本地化管理

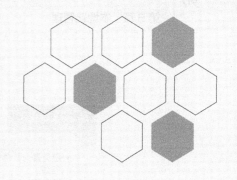

本地化管理在不同的行业、场景中定义完全不同,即使在游戏行业中,其细分内容根据游戏的不同也会有区别。在本章中,本地化管理通常是指代理海外游戏的本地化管理和自研出海游戏的本地化管理。

对于代理海外游戏,一般由游戏发行商来制定本地化管理日程,通过协调研发人员、项目组人员、外包译员、配音员和测试人员等,输出高质量的本地化文案、配音和其他素材。对于自研出海游戏,游戏发行商会从美术、策划、程序和内容的维度来进行本地化管理的工作。不管是代理海外游戏还是自研出海游戏,游戏内容本地化是玩家最能直观感受到的部分,其核心是针对文案、配音等进行的本地化工作。

本章主要是从内容本地化的维度,阐述本地化管理的工作内容;再通过代理海外游戏本地化的实际案例,阐述本地化管理的核心细节。关于自研游戏的海外本地化管理中的美术、策划和程序本地化等核心内容,将在本书 10.5 节中阐述。

6.1 核心价值与目标

对于代理或出海游戏,内容本地化工作的核心价值可以概括为保证游戏内容合规化、保证本地化内容的基础质量,以及提供高质量的本地化内容。简单来说,内容本地化是保证一个游戏让玩家"可以玩"(内容合规化)、"玩得明白"(基础质量内容)和"玩得爽"(高质量内容)的重要环节。

内容本地化工作的核心目标如图 6.1 所示。

第 6 章 本地化管理

图 6.1　内容本地化工作的核心目标

- 内容合规化：主要是基于发行国家的合规要求，避免游戏内容中含有暴力、色情、不良导向的文本和图片。本章重点针对国内内容合规化情况进行阐述，例如在国内，文案中的"嗜血""虐杀"等词都属于不合规的表达。特别要注意的是，针对未成年人保护的内容，需要进行合规化修改。

- 基础质量内容：主要是保证代理或出海游戏的翻译内容的正确性，使玩家看得明白。特别需要注意的是，同一个词在不同语境的翻译要结合上下文进行调整，这样才能给玩家带来正确的指引。例如韩语"오픈"，对应的英文是"open"，将其翻译成中文时，如果用于描述开关类场景，通常会被翻译为"开启"；而当应用于游戏内容相关语境时，则会被翻译为"解锁"。

- 高质量内容：基础质量内容仅仅可以保证玩家玩得明白，而阅读体验和游戏代入感对玩家而言也是非常重要的，例如跟 NPC（非玩家角色）对话，通过文字加配音可以提升代入感。相比基础质量内容来说，高质量内容需要由专业的润色团队来提升语言的"美感"，在文案中添加可以让当地玩家产生情感共鸣的亮点内容。

接下来，将根据具体的案例来阐述内容本地化的具体工作。

6.1.1　内容合规化

游戏内容合规化通常分为两方面，一是文案、配音的合规化，二是图片或特效的合规化。下文通过具体的案例来阐述内容合规化的要求和处理方法。

1. 文案、配音的合规化

对于文案、配音的合规化处理，本质是对文本的合规化处理。需要进行合规化处理的文本类型一般分为涉及政治敏感、血腥暴力、外文和不良引导等类型，如图 6.2 所示。对于涉及文本合规化处理的内容，通常的处理方法是适当替换。例如，对于某个年龄限制为 12 岁的游戏，其 NPC 台词中出现"要来一杯冰爽的啤酒吗？"，因涉及劝诱未成年饮酒，属于不良诱导，所以需要更换为其他台词，例如替换成"想要一杯清爽的冰饮吗？"

图 6.2 不合规文本类型案例

2. 图片或特效的合规化

对于图片或特效内容，常见的违规类型往往涉及暴力、色情或不良引导等。针对这类情况，通常的合规化处理方法是谨慎把控展示尺度。以某游戏为例，其战斗画面中角色释放大招时原本会出现满屏红色及骷髅标记，为符合合规要求，需将红色调整为紫黑色，并去除骷髅标记。在实际业务运营中，图片或特效的合规化处理与文本的合规管理同样至关重要，不容忽视。

6.1.2 基础质量内容

基础质量内容是保证玩家看得懂、玩得明白的最重要的基础。为了使游戏内容达到符合当地玩家阅读习惯的基础质量，通常需要经历符合游戏本地化玩法的翻译流程，如

图 6.3 所示。

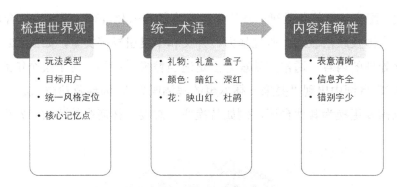

图 6.3　符合游戏本地化玩法的翻译流程

- **梳理世界观**：不管是代理海外游戏，还是自研出海游戏，准确翻译的首要前提是梳理游戏的世界观，从而保证整体文字风格与游戏调性一致。例如某动作 RPG 游戏的整体风格是"为战斗而生"，对应的核心记忆点就是格斗、热血、梦想等，那么文字风格也要符合游戏调性，例如称呼玩家为"勇士"而不是"阁下""兄台"等，系统的"公会"也不能翻译为"帮派"等。

- **统一术语**：为了保证对游戏理解的一致性，避免因术语不统一而产生错误引导，需要构建游戏术语库。例如游戏内的材料箱子，翻译时如果使用礼盒、盒子或礼箱等多种名称，会让玩家误以为它们是不同的道具，所以需要统一为"礼盒"等。通过搭建游戏术语库，可以整合和规范游戏内的术语词汇，同时也能保证多个译员翻译内容的一致性。

- **内容准确性**：在梳理完世界观和统一游戏术语后，最核心的工作是保证翻译内容的准确性，简言之就是要保证翻译内容的基础质量。

下文通过两个实际的案例阐述梳理世界观和统一术语。

1．梳理世界观的案例

通常梳理世界观会从完整性、一致性和符合国情等维度展开，世界观梳理的案例如图 6.4 所示。对于世界观的完整性，游戏本地化人员应当和研发人员一起沟通和完善；对于一致性，应当指定统一的负责人管理和维护；对于符合国情的内容，需要本地化人员和研发人员一起沟通修改。

6.1 核心价值与目标

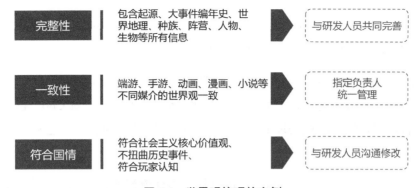

图 6.4 世界观梳理的案例

2．统一术语的案例

游戏术语的统一，即提前确定游戏内的道具名称、地名、怪物名称、人物名称、系统名称等内容，并将其整理成游戏专属的术语库，保证后续翻译相同的原语言词汇时的一致性。例如原语言中某颜色是比较深的红色，翻译时可以是深红色也可以是暗红色，这样容易出现不同的翻译结果；又如译文没有统一，同一个道具就会出现两种名字。图 6.5 所示为术语不统一的案例。同样的道具，在商城中被称为"暗红色金达莱"，在任务完成条件中却被称为"深红色杜鹃花"，这就会误导玩家使其认为它们是两种不同的道具，导致玩家无法顺利完成任务，严重影响其游戏体验。

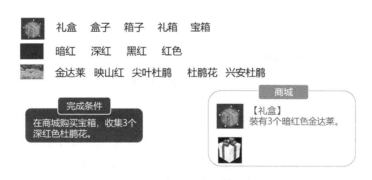

图 6.5 术语不统一的案例

6.1.3 高质量内容

高质量内容的作用是在基础质量内容的基础上，通过对文本的润色和增加配音来增强游戏的沉浸感。其中，在游戏中加入配音的效果，会明显比纯文本的效果更好，沉浸感更强。

第 6 章 本地化管理

对于文本，可以通过润色来加深玩家对剧情的理解和情感共鸣。在具体的业务场景中，润色的手段有很多，下文列举两个常见的案例。

- 易于理解的文本润色案例：例如某游戏里的人物名"Swordmistress Mei"直译为"女剑客梅"，经过润色处理后为"宝剑女侠阿梅"；"Lorewalker Cho"直译为"求知的行者周卓"，经过润色处理后为"游学者周卓"。由此可见，润色后的文本在阅读效果上会明显优于直译文本。

- 增加情感共鸣的文本润色案例：可以结合当地流行或搞笑的元素来进行润色处理，例如"Release the hounds"直译为"把狼狗放出去"，润色后为"关门，放狗"。

配音是游戏内容本地化中比较高阶和高成本的方式，运营人员可以根据游戏类型和预算来推进配音工作。在本地化配音中，为了达到优质的配音效果，通常需要根据游戏人物的年龄、性格、情感和声线等要素选择合适的配音员（也称为声优），并为其设计匹配的本地化台词。某游戏的优秀配音案例如图 6.6 所示。

图 6.6　某游戏的优秀配音案例

- 牛头怪配音案例：人物形象是大叔、牛头怪，其情感特征是霸气、无畏、野性，所以通常会选择"声线年龄"40 多岁、嗓音略沙哑、声音浑厚的男性配音员。另外，设计的台词 "没什么可以把俺击退！"也符合人物野性、雄壮的形象特征。

- 木乃伊配音案例：人物形象是哭泣的木乃伊，其情感特点是羞涩、腼腆，所以通常会选择"声线年龄"在 13 岁左右，声音偏少年感、柔弱、可爱的配音员（少年感、可爱的声音也可选择声线偏中性的女性声优来演绎）。另外，设计的台词是"我以为你从来都不会选我呢……"，也符合人物孤独、忧郁的形象特征。

6.2 工作流程

为了更好地完成内容本地化管理的工作，通常会设立单独的本地化 PM 岗位，本地化 PM 会管理本地化接入和多方的沟通协作工作。某韩国代理 RPG 游戏的内容本地化工作流程如图 6.7 所示。

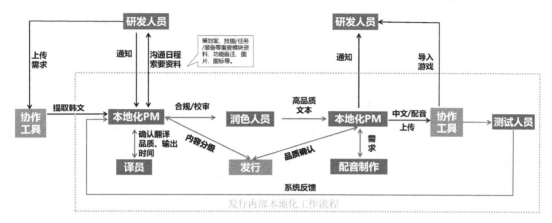

图 6.7　某韩国代理 RPG 游戏的内容本地化工作流程

本地化 PM 首先会配合游戏版本的日程，确定本地化工作的时间和范围，然后根据各个环节的工作内容和要求拆解出详细的本地化日程。在整个本地化工作流程中，一般有 5 个重要的环节。

（1）对接研发人员：研发人员在本地化流程中属于需求提供方，同时也是源头内容的创造者。在合理的工作流程中，本地化 PM 会跟研发人员提前约定好工作量，例如 5000 字/天的译文输出量（此工作量只是举例，实际会因语种和本地化人力不同而变化），以及配音的需求流程和规范，从而可以让研发人员清晰地知道内容本地化的进度。同时，本地化 PM 也会在收到本地化需求后，根据版本日程与研发人员确认本地化日程，从而规划本地化团队的内部工作。

（2）对接发行：在游戏运营过程中，有可能出现因突发情况影响，本地化日程无法按照常规的节奏进行的情形，例如因故紧急开发新内容并提前更新版本，从而压缩了本地化内容的制作时间。此时，需要本地化 PM 具备应对突发情况的能力，一般可以先跟发行项目组沟通并确认本地化内容的质量目标，对游戏各模块内容的本地化质量进行分级，根据优先级保证重要模块内容的高质量输出。同时，本地化 PM 还需要协助发行项目组，评估原语言内容的合规风险，并及时制定针对不合规内容的本地化处理方案。

（3）管理译员：收到翻译需求后，本地化 PM 需要跟译员确定翻译的质量要求和输出的时间节点。一般译员会分为发行团队内的专业本地化译员和外包供应商提供的外包译员。外包译员的翻译质量不稳定，因此本地化 PM 需要重点对外包译员进行管理。外包译员的管理会在 6.4 节的本地化方案中详细阐述。在收到翻译内容后，本地化 PM 会对内容进行审校和合规审查，然后送入润色环节，从而输出高质量的本地化内容。

（4）管理配音：与文案本地化日程类似，本地化 PM 需要结合版本日程及配音工作室导演和声优的工作档期，来制定配音计划。

（5）对接测试人员：测试和修复是本地化流程中的最后一环。在文案、配音和图片等内容的本地化工作完成后，研发人员会将其适配到游戏中。然后，测试人员会测试本地化内容是否存在 bug，如果有 bug，就通过系统反馈给本地化 PM，以便进行修复。

6.3 衡量标准

本地化工作由本地化 PM 来统一协调管理，而本地化管理的效果可以通过内容质量、测试反馈和用户反馈来综合评价。

6.3.1 内容质量

内容质量主要通过内容合规性、文本质量和配音质量来衡量，通常可以通过以下的业务指标来衡量。

- 内容合规性：上文提到了内容合规化的处理方案，通常都是通过适当的文本替换来解决不合规问题，所以对于内容合规性的评估，核心指标是合规化处理的覆盖率。若游戏中有 M 处不合规的内容，实际处理了 N 处，那么覆盖率可以通过 N 除以 M 来计算得出。例如，某游戏满足上线要求的指标是合规化处理的覆盖率大于 98%。往往在具体的工作中，是否合规会有一些主观的判定标准，所以不同游戏的覆盖率指标也会有所不同。

- 文本质量：通常对文本质量进行评估的基础指标是翻译的准确率，一般通过抽查翻译的内容来计算翻译的准确率。准确率需要达到 99% 以上，游戏才能上线。另外，也会考察本地化内容的润色情况，重要模块的润色率是否达到 100%。
- 配音质量：配音的成本较高，所以其品控要求也会高于本地化文案的质量要求。配音本地化除了要保证达到翻译准确率和润色质量，还需要尽量符合玩家群体的喜好。对于配音质量的量化评估，可以通过问卷调研的方式进行，例如发放 1000 份调查问卷，收集玩家对某角色配音满意度的评价。例如，某 RPG 游戏对某个新角色的配音质量的合格要求是玩家满意度不低于 80%。

6.3.2 测试反馈

测试人员通过测试本地化游戏版本，发现和记录 bug 数量，来评测本地化内容的合规性和翻译质量，从而衡量本地化管理的效果。通常，测试出来的 bug 会分为需要研发人员处理的问题和需要本地化人员处理的问题。为了提高 bug 修复的效率，首先要对 bug 分类，实现责任到人。本地化 PM 需要对常见的文案 bug 进行分类，制定详细的规则表并将其同步给测试人员，使 bug 可以快速流转到对应的责任人。某代理海外 RPG 游戏的文案 bug 分类如表 6.1 所示。

表 6.1 某代理海外 RPG 游戏的文案 bug 分类

编号	文案 bug 分类	情况说明	确认方
1	出现[YG-In Translation]+源语言	本地化团队正在翻译当前内容	可忽略
2	出现"_\英文\数字组合"的 index 字符	新增的文本，需要研发人员确认是否提本地化需求	研发人员
3	文字为空	新增的文本，需要研发人员确认是否提本地化需求	研发人员
4	出现源语言	相关内容尚未制作脚本 index，属于开发 bug，需要研发人员制作 index 并提本地化需求	研发人员
5	中文显示错误	译文文本溢出，译文中出现开发代码，需研发人员确认是否修改 UI 长度或其他研发问题（这是本地化人员失误导致的，研发人员需将情况共享给本地化人员并提出修改需求）	研发人员
6	中文描述错误	译文可能出现错别字、歧义、词汇不统一、内容不合规等问题，需要本地化人员确认并安排脚本修复	本地化 PM

某代理海外 RPG 游戏文案 bug 的处理流程如图 6.8 所示。

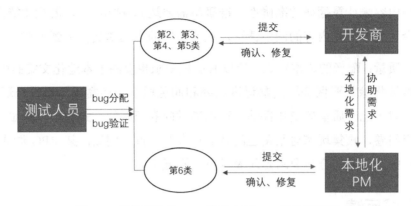

图 6.8　某代理海外 RPG 游戏文案 bug 的处理流程

6.3.3　用户反馈

用户反馈，即在游戏版本发布后，用户对于本地化内容的反馈，是对本地化管理效果的最真实、最核心的量化评价。根据问题的严重程度，通常将外网玩家的反馈分为 4 个等级，即 P1~P4。以不同等级下的 bug 数量为依据，将本地化质量划分为 S、A、B、C、D，如表 6.2 所示。某游戏对本地化质量的要求是必须达到 A，即 P2 等级的 bug 不能超过 1 个、P3 等级的 bug 不能超过 6 个、P4 等级的 bug 不能超过 8 个，这样才能带给玩家良好的游戏体验。

表 6.2　不同本地化质量对应的 bug 数量上限

本地化质量	等级			
	P1	P2	P3	P4
S	0	0	4	6
A	0	1	6	8
B	0	3	10	15
C	2	8	20	30
D	5	10	30	40

不同等级的 bug 严重程度和描述如下文所示。

- P1 等级：致命 bug。此类 bug 通常是错误的翻译，会导致玩家利益受损。例如商业化道具效果实际为加成 10%，但被错误翻译为加成 20%，因其实际游戏效果与描述不符而严重影响购买道具的玩家的游戏体验或造成利益损失。

- P2 等级：严重 bug。此类 bug 通常是在一级页面出现的，存在明显的描述不一致情况或其他翻译问题，会误导玩家，且影响范围较大。
- P3 等级：普通 bug。此类 bug 通常是部分内容翻译不正确，常出现在二级、三级页面。此类 bug 的错误明显，但一般不影响玩家的游戏体验。
- P4 等级：轻度 bug。此类 bug 通常是出现在更深层次页面上的一些翻译错误，对游戏几乎没有影响，也不容易被发现。

对于 P1、P2 等级的 bug，需要通过紧急版本发布流程来进行修复；对于 P3、P4 等级的 bug，可以等到下一个版本周期再修复。

6.4 本地化方案

上文讲解了内容本地化管理的核心价值、核心目标、工作流程和衡量标准。为了实现本地化管理的核心目标，需要对本地化过程中的细节进行严格把控。因此，本节通过某代理海外手游的本地化实际案例来阐述本地化方案的核心过程。

从需求的来源和执行角度，本地化方案的核心过程可以分为对接研发人员及发行项目组、管理外包译员、管理配音 3 个部分。

6.4.1 对接研发人员及发行项目组

本地化的需求来源于研发人员，同时也需要跟发行项目组沟通确定本地化内容合规化处理等细节。与研发人员及发行项目组的正常协作流程如图 6.9 所示。

但在实际工作中，最考验本地化 PM 应对能力的事情便是突发事件。现实中，因为手游的节奏比较快，往往会出现一些突发情况，例如原计划 5000 字/天的翻译量突然需要提升到 8000 字/天。为了应对此突发情况，在不改变现有译员人力投入的情况下，本地化

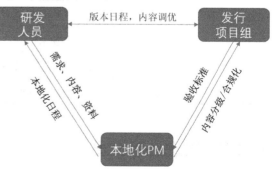

图 6.9　与研发人员及发行项目组的正常协作流程

PM 需要对游戏内容进行优先级划分。划分时，本地化 PM 需同发行人员协商，优先保证高优先级内容的质量，再依次完成其他优先级内容的本地化工作。而划分游戏内容优先级的核心依据是玩家的关注度和接触频率。

某代理海外 RPG 游戏术语类模块的本地化优先级如表 6.3 所示，一共 6 个星级，因术语类模块相对更重要，所以其最低星级是 2 星。在正常情况下，通常都会对所有内容进行润色，但遇到时间或资源有限的情况时，只能保证对 4 星、5 星和 6 星的内容进行 100%的润色。

表 6.3 某代理海外 RPG 游戏术语类模块的本地化优先级

模块	分类	星级（优先级）	
图片类	宣传页面、活动名、动画文字等	6 星	★★★★★★
术语类	职业术语	6 星	★★★★★★
	技能术语	5 星	★★★★★
	世界区域术语	5 星	★★★★★
	货币体系术语	5 星	★★★★★
	系统术语	5 星	★★★★★
	副本术语	4 星	★★★★
	活动术语	4 星	★★★★
	NPC 术语	3 星	★★★
	商业化道具术语	5 星	★★★★★
	高质量装备术语	4 星	★★★★
	怪物术语	3 星	★★★
	宠物术语	2 星	★★
	普通装备道具术语	2 星	★★
	其他新增术语	2 星	★★

6.4.2 管理外包译员

合理利用和管理外包译员，可以提升翻译的质量和效率，同时也会节省专业本地化译员的人力成本。外包译员一般分为全职译员和兼职译员。在本地化工作中，本地化 PM 需要根据游戏内容的优先级，以及外包译员的稳定性和翻译水平等，进行翻译工作的分配，进而保证翻译内容的质量。译员的管理流程如图 6.10 所示。

图 6.10　译员的管理流程

（1）招募译员：译员的招募可以在外包翻译供应商中筛选。首先，编制笔试试卷并制定翻译能力评分标准，通过笔试给译员打分。例如，根据评分标准确定 70 分为合格线，笔试分数在 70 分以下的译员成绩不合格，不予录用。其次，实际招募情况还要取决于外包翻译供应商的译员资源库和项目预算，在有条件的情况下，优先选择具备更好翻译能力的译员。

（2）译员分级：外包译员通常会分为全职译员和兼职译员。为了保证持续输出稳定的翻译内容，需要对译员进行分级管理。分级策略一般会考虑译员的稳定性、翻译质量和对游戏的理解等。例如某全职译员比较稳定，翻译能力强、质量高，且对游戏的理解也比较深入，那么该译员会被评定为最优级别。评级越高的译员，承担的游戏内容的重要度越高，例如负责翻译技能模块等。通过对译员的分级管理，可以保证翻译质量的稳定性。需要特别注意的是，在翻译内容很多的情况下，一定要中途抽查翻译质量，以及时规避翻译质量下降的风险。

（3）译员培训：培训外包译员是为了长期保证翻译的质量。外包译员往往只具备基础的翻译能力，想要完成高质量、合规的内容翻译，需要熟悉游戏世界观、当地合规政策，以及对游戏有一定理解。通过建立完善的培训资料库、统一脚本，可以大幅提升翻译的质量，从而减少后期审校和润色的工作量。

6.4.3　管理配音

经过翻译、审校和润色，可以得到高质量的本地化文案。为了提升游戏的代入感，需要适当加入游戏配音，例如战斗中角色的配音等。

某代理海外 RPG 游戏的配音管理流程如图 6.11 所示。最核心的环节是脚本环节，即设计本地化配音台词和选择合适的声优。

图 6.11 某代理海外 RPG 游戏的配音管理流程

6.5 小结

本章首先通过对本地化管理的定义，限定了本章所述本地化内容是游戏文案、配音等内容的本地化工作；其次阐述本地化管理的核心价值和目标，是为了做到让玩家可以玩、玩得明白和玩得爽，即确保游戏内容合规化、保证基础质量内容，以及输出高质量内容；再次通过本地化内容质量、测试反馈和用户反馈，介绍本地化管理的衡量标准；最后通过某代理海外手游的实际案例阐述本地化方案的核心过程。

04

第 4 部分

游戏的运营方案

第 7 章　渠道运营

第 8 章　社区运营

第 9 章　活动运营

第 7 章 渠道运营

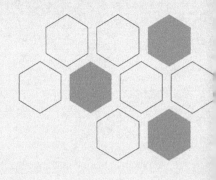

从 2.4 节阐述的运营架构中可以得知，游戏渠道运营是运营策略的第一步，即找到用户。渠道运营效果的好坏会直接影响游戏上线后的用户规模。因此，渠道运营是运营工作中至关重要的一环。

本章主要围绕渠道运营的背景、当前主流渠道、渠道运营的 3 个阶段、渠道素材运营和渠道运营方案等方面来阐述渠道运营工作的主要内容。

7.1 渠道运营的背景

在介绍渠道运营工作之前，首先明确渠道的定义和发展历程。

7.1.1 渠道的定义

渠道运营的目标是找到用户，即获客。从目标来看，一切可以为游戏带来新用户流量的途径，包括互联网线上推广、传统线下推广和品牌营销等，都应该算作游戏的渠道。

本章的渠道运营方案重点聚焦于互联网线上推广平台的运营，例如应用市场（有的称为应用商店）、官方渠道、信息流平台和社交媒体等。

7.1.2 渠道的发展历程

以手游为例，在手游行业发展初期，渠道通常被称为平台商。由于游戏的流量主要集中在少数主要的平台商手中，初期游戏在客户获取方面极度依赖渠道。例如，与一些占据市场主导地位的平台商合作时,游戏收益分成比例甚至可以达到二八分,即游戏厂商只能获得两成收益。在这样的渠道合作模式下,小型游戏厂商的生存环境尤为艰难。

在 2018 年前后,随着手游行业买量模式的出现,游戏厂商可以在一些社交平台、短视频平台进行买量投放,使用户可通过点击买量广告直达游戏下载页面。至此,游戏厂商又重新掌握了流量的主动权,游戏行业内一度兴起了"买量为王"的热潮。

近年来,新兴内容分发平台不断崛起,因其获客效果好且不分成,对传统应用市场的分成模式构成了显著挑战。值得注意的是,当前一些高质量的游戏已成功实现了游戏厂商高比例分成。例如国内某知名"二次元"RPG 游戏,凭借其优秀的游戏体验和表现,与某手机厂商达成了三七分成的联合运营(简称联运)合作,其中游戏厂商占据了七成收益。

7.2 主流渠道

在不同的场景下,主流渠道的分类方式非常多。按照流量来源的不同,主流渠道可分为应用市场、搜索引擎、信息流广告、App 等;按照计费方式的不同,主流渠道的计费方式可分为按曝光付费(CPM)、按行为付费(CPA)、按销售付费(CPS)、按时间付费(CPT)等;按流量平台的不同,主流渠道可分为第一梯队平台(应用市场)、第二梯队平台(信息流平台、网盟平台)等。

7.2.1 渠道的分类

从渠道属性的角度来看,当前主流的运营渠道主要分为官方渠道、应用市场、广告平台、社交平台、内容渠道和其他渠道。渠道的分类如图 7.1 所示。

在当前的市场环境下,应用市场和广告平台依旧占据了手游行业主要获客渠道的领先地位。然而,随着诸如哔哩哔哩(也被称为 B 站)、TapTap 等内容渠道的崛起,手游的获客模式和流量分布也在发

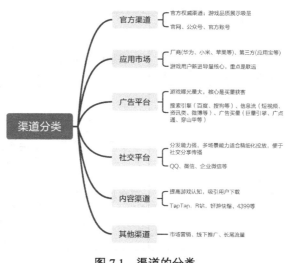

图 7.1 渠道的分类

生变化。针对渠道推广中的盲点，可以充分利用社交平台的优势来弥补，即通过激励用户在社交平台主动分享游戏，为游戏带来新用户，从而扩大游戏的用户规模。

7.2.2 渠道的特点

各个渠道的用户来源不一样，其获客的主要方式也会有所差异，所以从运营视角来看，资源投入也会分阶段和优先级进行。主流渠道的特点如表 7.1 所示。

表 7.1 主流渠道的特点

分类	渠道	用户特点	渠道特点	运营侧重点
官方渠道	官网	游戏用户	官方权威口径，单向信息输出，高质量 PGC 展示平台	1.通过 PGC 展示游戏质量，开通预约活动 2.发布官方公告或游戏动向，正向引导用户 3.定期发布官方福利或活动，加强与玩家的互动
	公众号			
	官方账号			
应用市场	苹果	用户付费能力强	流量场景多且流量客观，头部效应明显，导量和转化率都很高	1.利用平台联运和资源分发进行导量 2.利用产品发布会和线下门店活动进行营销传播 3.促进技术向合作和游戏技术的适配优化
	华为	用户付费能力强		
	小米	男性偏多		
	vivo	男女比例 6:4		
	OPPO	男女比例 6:4		
	应用宝	用户年龄在 30 岁及以上		1.以游戏专区为依托进行社区传播，如赛事、活动等 2.构建付费用户分层体系
广告平台	搜索引擎（百度/谷歌）	有兴趣偏好的潜在用户	曝光量高，具备内容分发能力，存在多种买量计费方式	1.利用信息、资讯、视频等进行高质量内容传播 2.通过买量导入新进用户，核心是信息流买量 3.加强游戏素材优化，提高点击率和转化率
	信息流（视频、资讯、微博等）			
	买量平台（广点通、巨量引擎等）			
社交平台	QQ	用户年轻化	依托强大的社交关系链，覆盖多场景，可以分层精细触达用户，并通过社交分享弥补其他渠道推广方式的盲点	1.依靠公众号和游戏中心信息流（feed 流）推送游戏信息，引导用户进入游戏中心下载游戏，属于传统分发 2.引导用户在 QQ 空间/朋友圈/社群等进行社交分发 3.利用社交关系链细化运营高付费用户，提升付费率
	微信	用户相对大龄		

续表

分类	渠道	用户特点	渠道特点	运营侧重点
内容渠道	TapTap	学生占比高	内容质量决定传播效果，加深玩家对游戏的认知，口碑发酵	1.铺设官方 PGC，激发内容创作 2.管理玩家舆论，监测游戏口碑 3.定期与玩家互动，制造热点事件
	好游快爆	低龄用户为主		
	4399	低龄用户为主		
	短视频直播	男性偏多		1.促进热点事件、PGC 内容二次传播 2.加强平台合作，打造专题活动或热点事件 3.培养 KOL（关键意见领袖），在视频/直播专区进行游戏推广
	游戏社区	游戏用户	—	1.分层管理社区用户，扶植核心玩家和外团 2.通过社区活动引导用户产出 UGC，打造游戏口碑 3.引导游戏讨论与传播，提高游戏价值
其他渠道	市场营销、线下推广、长尾流量等	—	—	1.市场营销是重点推广方式，不在本章进行详细介绍 2.一些 App 的长尾流量

- **官方渠道**：游戏最权威、最具品牌形象的主要渠道，同时也是高质量专业生成内容（PGC）的展示平台，可以给予用户最权威的游戏攻略。

- **应用市场**：应用市场的游戏专区依然是用户主动发现新游戏的主要渠道，利用平台联运和资源分发进行导量，其用户相对优质且转化率高。

- **广告平台**：游戏厂商可以主动掌握流量的获客渠道。广告平台利用信息、资讯、视频等进行内容传播，具有海量曝光游戏的能力，但不同广告平台的用户质量参差不齐，转化率差异明显。

- **社交平台**：手游特有的分发推广渠道。依靠社交关系链和游戏内的埋点设置，例如拉好友送奖励、好友助力、拼团等游戏分享活动，引导玩家将游戏分享到社交平台，进而弥补其他渠道推广方式的不足。

- **内容渠道**：新兴的分发渠道，依靠其高质量的内容传播加深用户对游戏的认知。相较于应用市场和广告平台，内容渠道在获得高质量用户的同时，获客成本更低，也是目前逐渐受到游戏运营人员青睐的渠道。

- **其他渠道**：除以上主流渠道外，还有很多其他非常重要的推广方式和获客渠道，例如通过市场营销进行品牌推广，或者利用一些 App 的长尾流量获得高性价比的用户等。

7.3 渠道运营的 3 个阶段

由于渠道众多而运营的成本和资源有限，因此在游戏的不同发行阶段，需要考虑渠道运营的投入和产出比，以便有策略地分配平台资源的投入比例。当然，在不同游戏类型和背景下，发行阶段的划分也会有差异。游戏在不同发行阶段的渠道运营策略如图 7.2 所示。

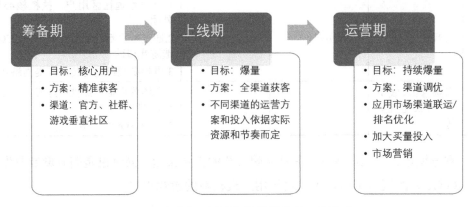

图 7.2　游戏在不同发行阶段的渠道运营策略

7.3.1　筹备期

筹备期的核心目标是积累核心用户、传播良好口碑，为游戏上线前的 bug 排查和内容优化做准备。此时，筹备期的重点渠道有官方渠道、游戏垂直社区和社群，如图 7.3 所示。

筹备期的渠道运营方案的核心是新游预约、制造热点和口碑建设，接下来对其进行介绍。

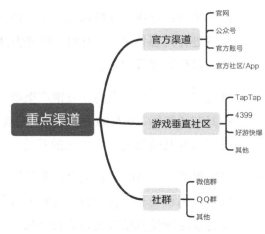

图 7.3　筹备期的重点渠道

- 新游预约：游戏筹备期的关键任务之一便是识别并吸引潜在的核心用户，并使其参与游戏的深度测试和反馈。为了达到这一目标，游戏运营人员通常会在官方社区、游戏垂直社区以及相关社群中发起预约活动，来吸引足够多的核心用户。游戏运营人员发布新游预约的案例如图 7.4 所示。

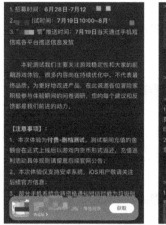 

图 7.4　游戏运营人员发布新游预约的案例（来源于游戏截图）

- 制造热点：根据游戏自身的特点和核心玩法，结合近期的热点事件，对游戏内容进行包装，然后在官网和社区等渠道发布，从而吸引更多的用户。
- 口碑建设：根据用户的测试反馈和建议，对游戏内容进行优化和调整。同时，通过社群运营塑造前期游戏口碑，为后期爆量做准备。

7.3.2　上线期

上线期可以理解为游戏正式上线、公开运营的阶段。在上线期，渠道运营人员要开始加大游戏的曝光力度，吸引更多用户参与游戏。此时渠道运营的核心是强化品牌合作，提高游戏的热度，然后通过前期积累的核心用户进行拉新扩散。同时，积极与关键意见领袖（key opinion leader，KOL）合作，促进垂直内容的生产，从而产生更广泛的粉丝效应。

在上线期，游戏将正式上线各大手机厂商的应用市场、第三方应用平台及官方渠道，供用户下载并体验。同时，运营人员也会利用 KOL 的影响力，在短视频、直播或垂直内容平台（如知乎、小红书）进行流量的推广和分发。

7.3.3 运营期

上文所述上线期可以理解为游戏正式发行阶段，运营期则是游戏进入渠道深耕和持续爆量的阶段。这一阶段的核心在于渠道优化，此时运营工作更侧重于应用市场、平台买量和市场营销等。运营期的渠道优化方式如图 7.5 所示。

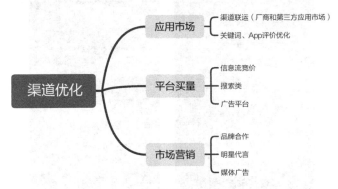

图 7.5　运营期的渠道优化方式

- 应用市场：渠道推广的核心平台之一，也是长期优化和深耕的重点。在游戏正式稳定运营后，可以通过渠道联运的方式促进渠道方主动推广；也可以通过优化关键词、App 评价等，提高游戏的搜索排名或口碑等；还可以直接在应用市场买量推广。目前应用市场也具备一定的社区功能，借助社区内容的运营，也能实现一定的引流效果。

- 平台买量：在游戏稳定运营后，可以加大对平台买量的投入。常见的平台买量方式是信息流竞价。买量的核心在于计算广告的投资回报率（return on investment，ROI），只要能达到预期的 ROI 目标，无论哪种买量方式，均可视为有效的引流手段。

- 市场营销：加大市场的品牌营销力度，例如请明星代言、在媒体上打广告、与知名品牌做联名推广等。当然，一般运营人员在筹备期就已经启动了市场营销推广，而在运营期需要根据游戏运营情况持续地投入资源。

在运营期之后，渠道推广开始进入长期深耕的阶段，此时的核心任务在于不断优化主流平台的渠道运营方案。在确保 ROI 符合预期的同时，不必拘泥于既定的成熟方案，只要是合规的方案，就是优秀的渠道运营方案。

7.4 渠道素材运营

渠道推广的方式很多,例如渠道联运、平台买量、市场营销等,这些方式都通过触达用户的媒介,精准地将广告推送给用户。鉴于用户最开始接触的是游戏宣传素材,因此,能否吸引用户点击或实现转化,关键在于素材的运营。各个渠道根据其投放方式、投放平台和展示形式,确定了所需素材的类型和数量。其中,渠道买量的方式对素材需求量最大。

渠道素材运营的核心流程如图 7.6 所示。

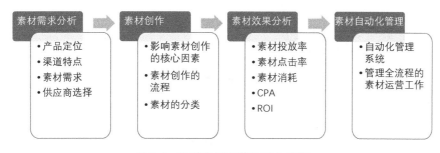

图 7.6 渠道素材运营的核心流程

(1)素材需求分析:这是素材运营的第一步。根据游戏的产品定位、渠道特点和素材需求等确定素材的创作需求,并以此选择对应的素材供应商。

(2)素材创作:不同类型的游戏的素材创作方式差异很大。7.4.2 节将从创作的本质出发,从通用的维度介绍影响素材创作的核心因素、素材创作的流程和素材的分类。

(3)素材效果分析:衡量素材效果好坏的指标,也是素材迭代的关键要点,同时也可以作为管理素材供应商的量化指标。7.4.3 节将会重点介绍素材投放率、素材点击率、素材消耗、每行动成本(cost per action,CPA)与投资回报率(ROI)。

(4)素材自动化管理:大型游戏的素材需求量非常大,不同渠道的素材需求也不同。因此,素材效果的可视化管理非常重要,需要使用自动化管理系统。此系统需要具备需求下单、制作跟进、素材投放和效果跟进等功能,以便管理全流程的素材运营工作。

7.4.1 素材需求分析

素材需求分析可以围绕产品定位、渠道特点、素材需求和供应商选择等维度展开,明确在什么渠道投放素材、投放什么样的素材、需要多少素材,以及后期迭代节奏等细节。素材需求分析的维度如图 7.7 所示。

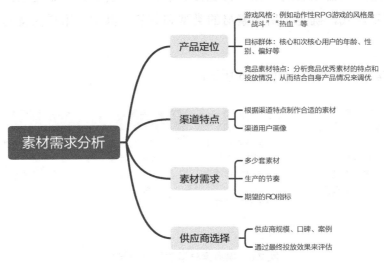

图 7.7 素材需求分析的维度

- 产品定位:一是需要明确游戏风格,例如动作性 RPG 游戏的素材需要体现出"战斗""热血"等特点;二是分析游戏目标群体(核心和次核心用户)的年龄、性别、偏好等,从而把握素材的个性化元素,同时可以结合渠道的特点进行资源投入优先级划分;三是分析竞品素材特点,通过第三方数据报告,了解和学习竞品优秀素材的特点和投放情况,从而结合产品自身情况来调优。

- 渠道特点:不同的渠道特点对应的素材需求差异可能很大。需要根据渠道特点和渠道用户画像,结合游戏自身特点,制作合适的素材进行投放。例如,快手平台有很大的下沉市场,那么素材制作就需要结合快手的用户画像和游戏元素的特点,进行个性化的定制。

- 素材需求:素材需求量最大的渠道是买量渠道。例如某大型 MMORPG 游戏在高峰期一个月投放了 5000 多套素材。因此,素材的生产节奏和 ROI 等指标都需要在前期规划好。

- 供应商选择：在明确了素材需求后，可以从供应商的规模、口碑、往期作品特色、生产效率、素材制作质量等方面来评估和选择供应商，最后还可以通过投放效果对供应商的生产能力进行评估。

7.4.2 素材创作

素材创作的工作，首先是对影响素材创作的核心因素进行分析，并总结出符合游戏风格和渠道推广特点的核心因素；然后是制定完整的素材生产、效果监控和反馈流程；最后是创建素材库，并对素材进行分类管理。

1. 影响素材创作的核心因素

在明确素材需求后，就进入了素材的制作环节。通常来说，大部分游戏素材都是由专业的供应商制作的。分析常见的优秀游戏素材，可以总结出影响素材创作的核心因素，如图 7.8 所示。

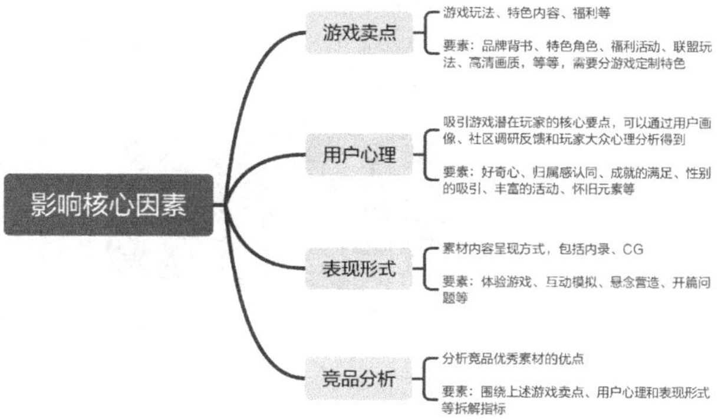

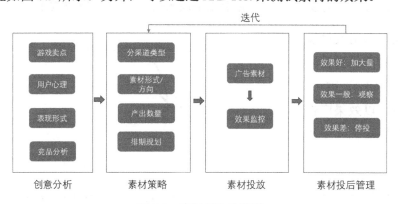

图 7.8　影响素材创作的核心因素

2. 素材创作的流程

素材创作不是单向的，即并非素材创作完成后就结束工作。其本质是一个不断调优的过程，通过数据的反馈来定位最适合某一类型渠道的素材，从而持续地进行针对性的调优。素材创作的流程如图 7.9 所示。另外，可以通过 A/B Test 来测试素材的效果。

图 7.9　素材创作的流程

3. 素材的分类

在效果广告投放中,素材的需求量往往很大,因此需要创建素材库,并对素材进行有效的分类管理,以便后续观测不同类型素材的消耗、效果和 ROI。

素材的分类方式多种多样,从素材的创意表现形式来看,可分为剧情 CG(BGM 卡点)、热点借势、游戏福利、亮点角色推广等多种类型。常见的游戏素材案例如图 7.10 所示。

图 7.10　常见的素材案例

7.4.3　素材效果分析

通过对素材效果的监控,可以及时干预素材投放的过程。对于效果好的素材,需要加大生产、投放的力度;对于效果一般的素材,可以继续观察;对于效果差的素材,需要及时停止投放。运营人员需要运用科学的量化手段来分析素材的投放效果。

素材效果可以用素材投放率、素材点击率、素材消耗和最终效果(CPA、ROI)等指标来衡量。以效果广告为例,素材效果量化维度如图 7.11 所示。

如果投放的素材来源于多个供应商,那么通过量化

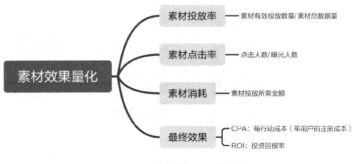

图 7.11　素材效果量化维度

素材投放效果，可以跟踪不同供应商生产的素材质量。例如，某游戏的素材供应商的生产效果如表 7.2 所示。从表 7.2 中可以看出，供应商 C 的 ROI 最高，因此其素材的投放效果最好，可以加大与该供应商合作的力度。

表 7.2 某游戏的素材供应商的生产效果

素材供应商	投放率/%	点击率/%	消耗/万元	CPA/元	ROI/%
A	97	11.5	120	460	1.7
B	96	11	100	530	1.5
C	94	12.5	100	420	2.1
D	98	9	80	540	1.4

从素材分类后的标签（7.4.2节所述的素材的表现形式）维度，能够追踪不同类别素材的投放效果。某游戏不同类别素材的投放数量占比和 ROI 如图 7.12 所示。

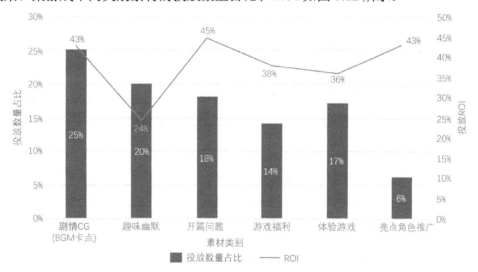

图 7.12 某游戏不同类别素材的投放数量占比和 ROI

从图 7.12 中可以看出，剧情 CG（BGM 卡点）类素材的投放数量占比最大，且其投放 ROI 是 43%，综合收益效果较好；开篇问题类素材的投放数量占比是 18%，其投放 ROI 是 45%，综合收益效果也较好。

7.4.4 素材自动化管理

渠道运营对素材的需求量比较大，尤其是效果广告的投放与买量更是需要大量的素材，因此对于素材的运营与管理，自动化管理系统尤为重要。

某游戏的素材自动化管理系统如图 7.13 所示，该系统具有需求产生、素材制作、素材标签归类、素材投放、效果跟进和报表查看等功能，能系统地对素材进行自动化管理。

图 7.13　某游戏的素材自动化管理系统

7.5　渠道运营方案

目前市场上游戏推广的渠道很多，而且大多数渠道支持多种推广方式，例如应用市场核心的推广方式是渠道联运，但也支持推送、下拉广告等买量推广方式。

常见的渠道运营方案如图7.14所示。从推广方式的维度来看，渠道运营方案可以分为渠道联运、平台买量、SEO/ASO、社交传播及其他推广方案。目前最主流的头部获客方案是渠道联运和平台买量。

图 7.14　常见的渠道运营方案

- 渠道联运：游戏发行商和渠道方（如厂商应用市场、第三方应用市场等）进行联合运营。从手游发行初期到现在，渠道联运一直都是主流的获客方式，也是运营方重点投入的渠道运营方案。当前，越来越多的平台正在探索联合运营的新模式，以实现创新突破，其中包括 B 站、快手等。

- 平台买量：最直接有效的推广方式就是花钱买量获客。随着信息流平台的发展，平台买量方案越来越受到发行商重视。尤其是在当前环境下，平台买量已经成为用户来源数量最大的获客渠道。鉴于平台、广告主和中间商等角色所涉及的复杂利益关系，买量策略的实施方案也在逐步优化。以效果广告为例，其计费方式从最初的固定单价方式（如 CPM、CPS、CPT、CPA）到 2005 年左右的竞价模式（如 CPC），再到 2016 年以后的实时竞价模式（如 OCPC、OCPA），反映了信息流平台的计算方式也在逐步升级。

- **SEO/ASO**：SEO 是针对搜索引擎的优化，从长期运营的角度来看，运营人员期望用户通过关键词搜索优先看到官方渠道，进而为游戏带来自然增长的流量。ASO 是针对应用市场下载量的优化，通过优化关键词、产品数据等指标，获得应用市场主动推广的流量，或者提高游戏在应用市场内的搜索排名。

- **社交传播**：这种方案可视为通过用户口碑传播，以覆盖渠道联运、平台买量等方案难以触达的空白区域。在游戏内可以设置非常多的分享埋点，例如邀请好友助力、炫耀战绩、发出组队邀请、拼团等，再适当配合一些奖励，激励用户主动分享游戏，从而带来更多的自然流量。

- **其他方案**：除以上方案外，还有其他渠道运营方案，例如社区运营、市场营销或者长尾流量等，这里就不一一列举。其中，社区运营会在第 8 章中详细阐述，而市场营销不是本章的重点，长尾流量方案也比较个性化，因此，本章重点聚焦于上述 4 种方案。

接下来，我们将着重介绍 4 种主流的渠道运营方案。在实际场景应用中，不必拘泥于单一方案，而应根据具体的渠道特点和 ROI 指标，灵活制定适合自身产品或服务的运营方案。

7.5.1 渠道联运

渠道联运是游戏发行商与渠道商联合运营游戏的渠道运营方案，其中渠道商负责获客。通常联运的游戏需要接入渠道的 SDK 来标识从渠道引流而来的用户，然后双方对玩家付费收益进行分成，一般通过按销售付费（CPS）来分成。

支持渠道联运方案的渠道如图 7.15 所示，包括手机厂商应用市场、第三方应用市场和新兴渠道。

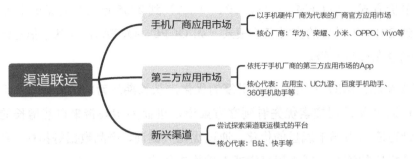

图 7.15　支持渠道联运方案的渠道

经过多年的发展，渠道联运方案已经趋于成熟，并且还在不断演化，如图 7.16 所示。

图 7.16　渠道联运方案

1．发展历程

渠道联运方案是伴随着手游的发展和渠道模式的变化而形成的，其本质是游戏厂商和渠道商之间的利益权衡与博弈。

渠道联运方案的形成大致经历了以下 3 个阶段。

- 阶段 1：在渠道发展早期，游戏的发行重度依赖于应用市场，此时是渠道为王的时期。一个游戏要想获得更多的流量，就必须依赖于渠道，并与渠道的利益相绑定。在该阶段，游戏厂商和渠道商之间的分成比例往往是 2:8 或者 3:7，渠道商分走了大部分利润，游戏厂商的利润非常低，往往最后是亏损状态。

- 阶段 2：伴随着渠道联运的发展，游戏厂商与渠道商的分成进入了相对稳定的阶段。在 Android 联运中，二者的分成比例是 5:5，游戏厂商一般可以拿到 50%的利润，此时游戏厂商有更多的利润空间。在 iOS 联运中，苹果固定收取 30%的支付税。
- 阶段 3：随着新兴渠道买量的成熟，以及以 TapTap 为代表的游戏垂直内容渠道的崛起，Android 厂商和应用市场的话语权和价值也在逐步减小。此时渠道联运方案的分成比例出现了一些新变化，例如某"二次元"RPG 游戏表现优秀，故其游戏厂商与某手机厂商（应用市场）的分成比例是 7:3，游戏厂商可以拿到 70%的利润。

2．合作流程

虽然游戏厂商与不同的手机厂商（应用市场）的联运模式不同，但整体合作思路比较接近。某手机厂商渠道联运的合作流程如图 7.17 所示。

渠道联运的合作流程可以分为 6 个步骤，分别是合作沟通、渠道评测、资源分配、接入渠道 SDK、渠道测试与资源重新分配、正式运营。接下来，具体介绍这 6 个步骤的核心内容。

- 合作沟通：第一步主要是商务谈判，即游戏商务人员与渠道商务人员进行合作洽谈，达成合作意向。目前头部的应用市场都有成熟的联运合作上架流程，在保证游戏内容合规的前提下，按照指引上架游戏即可。
- 渠道评测：渠道商非常重视游戏评测。在有限的资源下，渠道商为了获得最大化收益，会对联运的游戏进行质量分级，例如 S 级、A 级、B 级、C 级和 D 级。

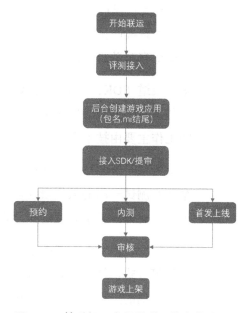

图 7.17　某手机厂商渠道联运的合作流程

渠道商会对高质量的游戏投入更多的推广资源。渠道评测时间一般是 7 个工作日，评测过程的角度有游戏类型、视听效果、系统设计、游戏体验和收费系统等。不同渠道商的评测标准不一样，评测某渠道产品的数据维度如图 7.18 所示。对不同级别的游戏，评测指标要求不同，例如 A 级游戏的评判标准是注册用户的次日留存率大于 37%，且 3 日留存率大于 23%。

图 7.18　评测某渠道产品的数据维度

- 资源分配：通过初步的评测，渠道商会根据游戏的评级分配相应的资源。另外，对于有付费推广预算的游戏，游戏厂商可以与渠道商进一步探讨深度合作的事项，提高渠道商对游戏的资源投入。

- 接入渠道 SDK：当确定达成渠道联运合作意向后，游戏厂商需要提供渠道专属的安装包并接入渠道的 SDK，将其作为渠道安装包的唯一身份象征。接入渠道 SDK 的工作主要由技术人员对接完成，通常都有成熟的接入文档可以参考。

- 渠道测试与资源重新分配：游戏会在渠道商的平台进行正式测试，一般渠道商会观察游戏测试一周的数据表现。基于数据表现报告，渠道商会通知游戏厂商要优化的内容。另外，基于游戏的实际表现，渠道商也会调整后期的资源分配和投入。

- 正式运营：当上述工作都顺利完成后，最后一步是双方签订正式合同，并洽谈分成和结算方式，然后正式上线并运营游戏。在正式运营后，游戏厂商会联合渠道商，定制专属的渠道活动来配合渠道商的推广，例如，某游戏在 QQ 平台的渠道活动示例如图 7.19 所示。另外，关于活动运营的一些目标、方案等细节，将在后续第 9 章中具体介绍。

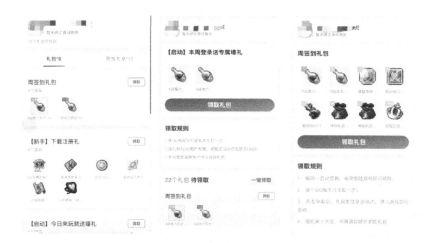

图 7.19　某游戏在 QQ 平台的渠道活动示例

3. 发展困境

随着互联网用户量增长速度的放缓和新兴渠道的崛起，手游渠道联运的发展遇到了很大的冲击，其发展困境主要有以下几方面。

- 国内互联网用户增量见顶，流量红利消失。

- 受市场宏观因素的限制，产品数量在减少。

- 随着新兴超级 App 买量的崛起（如快手、抖音等），以及以 TapTap 等为代表的游戏垂直平台或社区的发展，一些游戏厂商逐步减少了对传统渠道联运方案的依赖。

7.5.2　平台买量

平台买量是一种不同于渠道联运的关键且核心的获客方案，同时也是游戏厂商目前能够自主掌控头部流量的主要获客策略。买量的主要渠道是信息流平台，例如头条系平台（抖音、今日头条、西瓜视频等）、腾讯系平台（微信、QQ、腾讯视频等）、百度系平台（百度、百度贴吧、百度浏览器等）等。

经过多年的发展，信息流平台的买量已经形成了相对成熟的模式。同一款游戏在同一个平台，会有不同的展示方式或计费方式，信息流平台的买量模式非常灵活。信息流平台的买量模式的发展历程如图 7.20 所示。

第 7 章 渠道运营

图 7.20　信息流平台的买量模式的发展历程

1. 平台买量的兴起

平台买量是在传统渠道门槛和成本较高的局面下的一种突围，也是伴随着各大超级流量 App（如抖音、快手、B 站等）崛起的必然趋势。

根据《2024 年全球手游市场与营销趋势洞察白皮书》的数据，2024 年全球手游素材数量达 462 万，同比增长 15.4%。2024 年全球手游广告达 26 万名，同比增长 60.4%。越来越多手游产品开始广告投放。

2. 平台买量的收益评估

理论上，平台买量是没有任何限制的。只要该渠道能够实现成本回收并达到预期的投资回报率，就可以无限制地持续进行平台买量推广。各种广告平台、应用程序、私域等，都是可以进行资金推广的渠道。

平台买量能为游戏带来直接的收益。从另一个角度来看，平台买量也能使游戏产品持续曝光，为产品带来市场热度，从而增加自然新进用户。而用户量的增加也促进了游戏内生态的改善，这本质上是一种正向循环。

买量收益的评估维度如图 7.21 所示。买量收益一般可以从两个维度来衡量，一是直接收益，二是间接收益。直接收益一般是平台买量收益的核心评估维度。

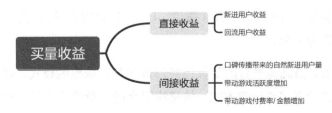

图 7.21　买量收益的评估维度

3. 信息流平台的买量方案

游戏在信息流平台的买量一般会经历两个重要的流程,分别是定向和竞价。其中定向是找到用户的第一步。在找到合适的目标用户之后,买量就进入了竞价环节。在竞价成功后,信息流平台就会给用户投放相应的广告。

信息流平台的买量方案如图 7.22 所示。

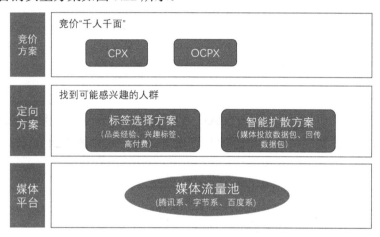

图 7.22 信息流平台的买量方案

媒体平台是买量的定向方案和竞价方案的流量来源,目前主流的媒体平台有腾讯系、字节系和百度系等。

(1)定向方案

定向方案的核心目标是找到对的用户,即找到可能对此游戏感兴趣的潜在用户。通常定向方案主要有两种:一是标签选择方案,即广告主选择用户标签或者上传定向投放的用户包;二是智能扩散方案,即信息流平台的媒体管理系统根据已转化的数据包用户进行智能扩散。信息流平台的定向方案流程如图 7.23 所示。

在投放的冷启动阶段,广告主会选择媒体流量池的用户标签,例如某年龄段、某兴趣偏好等进行有针对性的广告投放。但这种方式不够精准,往往在项目初期使用。在有了精准的游戏用户数据后,可以将数据包上传到信息流平台的媒体管理系统,此时再借助信息流平台的大数据分析能力进行智能扩散。这种方式比较精准和直接,效果也比较好。

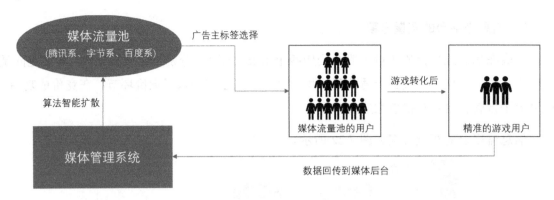

图 7.23　信息流平台的定向方案流程

（2）竞价方案

在找到可能准确的用户之后，是否投放广告取决于竞价环节的结果。而要确定竞价方案，首先要了解竞价计费方式。信息流平台的常见竞价计费方式如图 7.24 所示。

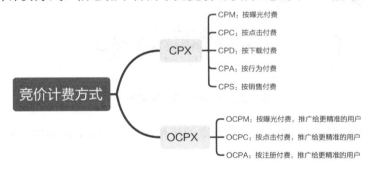

图 7.24　信息流平台的常见竞价计费方式

一个广告位只能展示一款游戏，但是因为有很多游戏厂商的广告都想被曝光，所以信息流平台通常会设置广告队列，即通过计算 eCPM（每一千次展示可以获得的广告收入）的值来给广告排序。eCPM 的计算公式如下：

$$eCPM = BID \times pCTR \times pCVR$$

游戏广告投放和收益相关的术语如下。

- BID：游戏厂商设定的起始价格，例如 CPA 起始价格可能设为 100 元。理论上提高出价可以迅速提升广告效果，但是成本也会增加，所以在确保 ROI 的前提下，游戏厂商需要进行更细致的分析。对于普通游戏厂商，其出价的最小单位是预算值；对于大厂，基于海量的游戏数据，其出价可以做到"千人千面"。当然，除了提高出价，提高优化转化率（CVR）、点击率（CTR）也是一种提升广告效果的有效途径。

- pCTR：广告系统预估的某用户点击广告的概率。通常影响用户点击率的核心因素是广告素材的吸引力。为制作好的素材，需要持续不断地创新和变换，所以前文介绍的创意素材的生产过程，对买量来说是非常关键的。一个好的创意素材能够提高点击率，即使出价不高也可以获得曝光的机会。以某 RPG 游戏为例，在上线爆发期后，每日新增广告超 5000 条，这要求有充足的素材储备以及持续不断的素材产出以维持其发展。

- pCVR：广告系统预估的某用户能被转化的概率。用户能被转化的前提是有好的广告落地页来吸引用户点击，进而才能将用户引导至下载等流程。在后续的流程中，影响用户转化的核心是产品的设计，例如游戏的安装包占用的空间太大会影响用户下载，下载后游戏资源加载及热更新不流畅也会影响用户激活等。因此，优化游戏产品的交互功能和性能也是非常关键的。

7.5.3 SEO/ASO

搜索引擎优化（search engine optimization，SEO）和应用商店（市场）优化（app store optimization，ASO）是常见的渠道优化方案，其核心目标是提高产品的曝光率。SEO 和 ASO 的区别如图 7.25 所示。

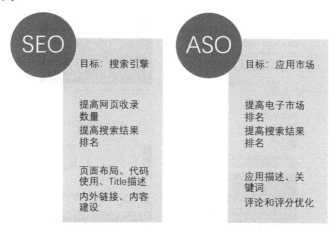

图 7.25 SEO 和 ASO 的区别

- SEO：通过站内、站外的搜索引擎优化，使游戏网站更符合搜索引擎的索引规则。

优化后，游戏产品的相关内容出现在搜索结果中排名靠前的位置，产品在搜索引擎中的整体排名和收录量得以提高，从而获取更多的流量。

- ASO：通过优化应用描述、关键词、评论和评分等，提高游戏在应用市场的搜索排名，以期增加下载量，从而获得更多的自然用户。

1. SEO

SEO 的核心理念是通过持续、精细的优化措施，逐步提高游戏产品在搜索引擎中的排名。

除了 SEO，还有通过付费竞价来直接提升游戏排名的方法，即搜索引擎营销（search engine marketing，SEM），其成效立竿见影。以下内容将着重于 SEO 的长期优化建设方案，分 4 个阶段进行阐述，分别是搜索引擎的排名规则、影响排名的主要因素、SEO 方案和 SEO 方案的效果评估。

- 搜索引擎的排名规则：市面上的搜索引擎很多，以国内主流的搜索引擎百度为例，用百度搜索"王者荣耀"的结果如图 7.26 所示，可以看到排名展示的顺序，从上至下依次是王者荣耀的官网、百度工具平台、主流平台和媒体等。通常来说，在百度搜索的结果页中，SEM 方案下的结果会占前 2~4 个位置，SEO 方案下的结果大概会占据前 10 个位置。其他搜索引擎的排名规则大多与此相似，只是在细节上有所不同。例如在 360 搜索引擎的搜索结果中，会优先展示 360 手机助手、360 问答等平台的结果。

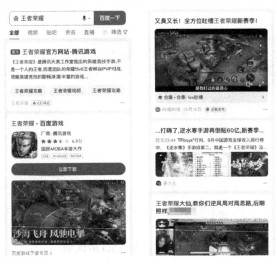

图 7.26　用百度搜索"王者荣耀"的结果

- 影响排名的主要因素：搜索引擎的收录规则和影响搜索排名的因素如图 7.27 所示。如果游戏网站希望被搜索引擎的索引数据库收录，首先它必须能够被搜索引擎的索引数据库收录，即被爬虫软件所获取。这就要求网站布局的导航栏清晰，页面内容丰富，静态文字描述多；在内链方面应满足站内能相互链接，跳转自如；代码的开发语言规范，需要使用标准的统一资源定位符（URL），SDK 描述明确、简洁，网页标签规范等。其次，网站的内容质量必须要高。内容质量高，如图文视频丰富，文笔优美、有深度等，绝对原创，能被转载，同时在外链方面应满足能被大型网站链接，并且持续、稳定地更新。最后，网站的活跃度必须要高。网站有稳定、持续、定期的内容更新，并且在点击率方面，网站曝光量/点击量越高越好。在这三方面因素中，内容质量和网站活跃度的影响尤为显著。这是因为搜索引擎的本质是寻找高质量、高活跃度的网站，为用户提供更好的搜索体验。因此，如果一个游戏网站在这两个方面表现出色，那么它自然就有更大的可能性被搜索引擎收录，并在搜索结果中占据更好的排名。

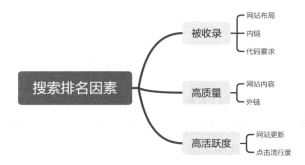

图 7.27　搜索引擎的收录规则和影响搜索排名的因素

- SEO 方案：SEO 方案的核心在于根据影响搜索引擎排名的因素对游戏网站进行针对性优化。其根本目标在于确保游戏网站能够被搜索引擎收录，并被判定为高质量和高活跃度的站点，从而提升搜索排名。在优化方案的实施过程中，首先应对网页标题（title）、描述（description）和关键词（keyword），即 TDK 文案中的关键词进行优化，选择 3 个以上具有一定搜索量的关键词，优先考虑品牌类关键词，建立品牌链接，接着是产品功能关键词，然后是竞品和行业关键词，同时也要完善内容建设。其次，要优化网站布局和用户体验，导航栏的设计要能突出产品核心功能，每个子页面的标题、描述和关键词布局应有所不同，同时网站需具备移动端适配能力，确保用户请求和访问体验流畅,网页内容最好包括丰富的视频和图文介绍。最后,关注内外链和内容建设,网站内链要形成蜘蛛网布局相互连接,外链要注重与大型网站交互,内容应持续、稳定更新,并积极对外输出。每周可发布 1~3 篇与游戏产品相关的原创文章,并发表于知名门户网站或新闻平台。此外,可通过关键词链接到官方网站,促使内容被转载。SEO 方案的要点如图 7.28 所示。

图 7.28　SEO 方案的要点

- SEO 方案的效果评估:SEO 方案的效果一般会在两周后逐步显现。各种优化策略对游戏产品口碑的提升效果及所需时间各有差异。总体而言,SEO 是一项长期的建设性工作,其效果评估可从两方面进行:一是关注网站在各大搜索引擎中的排名状况,若排名明显上升,表明 SEO 方案产生了一定效果(须排除付费因素的干扰);二是观察从搜索引擎或其他网站导入的流量,如日均页面浏览量(PV)、独立访客数量(UV)以及页面停留时间等指标是否存在显著提升。

2. ASO

ASO 是针对应用市场的优化方案。目前 iOS 平台只有一个 App Store,而 Android 平台的应用市场非常多,且各应用市场的规则也有一定的差异性,但其整体优化思路是相似的。

ASO 在 App Store 上的效果相对比较明显,因此下文以 App Store 为例,通过自然用户的来源、ASO 的影响因素和 ASO 方案,阐述 ASO 的详细过程。

- 自然用户的来源：App Store 的自然用户来源有多个入口，例如搜索入口、为你推荐入口、排行榜入口、近期佳作入口、必玩游戏精选入口等。iOS 平台的自然用户来源入口如图 7.29 所示。

图 7.29　App Store 的自然用户来源入口

- ASO 的影响因素：ASO 的影响因素如图 7.30 所示，可以概括为应用描述层面和产品层面两个维度。

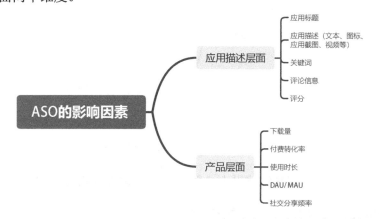

图 7.30　ASO 的影响因素

- ASO 方案：对于应用描述层面的影响因素，可以重点关注关键词的优化（也可以通过付费方式，在各个积分墙渠道完成任务，以提升目标关键词的关注度）、应用描述的优化和提高游戏的评分等。而产品层面的各项影响因素，对 ASO 方案的影响权重非常大,因此前期要通过各种渠道活动(品牌宣传、买量、社区推广等)来提高游戏产品的下载量、激活量和付费率,以提升游戏产品的口碑。通过对应用描述层面和产品层面的影响因素的双重优化,ASO 方案可以驱动自然用户的增长,为游戏营造持续、正面的曝光态势。

7.5.4 社交传播

社交传播的本质在于,通过游戏口碑、游戏活动以及渠道活动等因素的影响力,激发用户产生自发社交分享行为,进而吸引新用户加入游戏。社交传播获客方式能够使游戏产品在用户的游戏好友圈层实现精准曝光,有效弥补了渠道联运和平台买量等获客方案的盲区。

实现游戏内社交传播的核心是活动的激励和社交传播埋点的设计。其中,3 类常见的社交传播埋点如图 7.31 所示。在不同游戏场景下,还存在其他个性化的埋点设计。

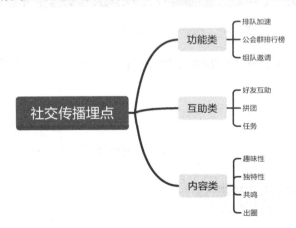

图 7.31　3 类常见的社交传播埋点

下文通过真实的游戏案例来阐述以上 3 类社交传播埋点的设计方案。

1. 功能类社交传播埋点的设计方案及案例

针对功能类社交传播埋点,常见的设计方案有排队加速、公会群排行榜和组队邀请等,不同类型游戏的此类埋点设计会有较大差异。游戏排名社交传播埋点案例如图 7.32 所示,组队邀请社交传播埋点案例如图 7.33 所示。

7.5 渠道运营方案

图 7.32　游戏排名社交传播埋点案例

图 7.33　组队邀请社交传播埋点案例

2．互助类社交传播埋点的设计方案及案例

互助类社交传播埋点主要围绕好友互助、拼团和任务等的社交分享进行设计。某游戏的好友互助社交传播埋点案例如图 7.34 所示，通过现金红包激励用户主动分享该游戏到社交关系链中，进而为游戏带来新用户。

3．内容类社交传播埋点的设计方案及案例

内容类社交传播埋点主要围绕游戏内容的趣味性、独特性、共鸣和出圈等方面进行设计。某游戏的出圈社交传播埋点案例如图 7.35 所示，该案例曾引发众多游戏玩家的共鸣。此类出圈的设计也会激励玩家主动进行社交分享。

图 7.34　某游戏的好友互助社交传播埋点案例

图 7.35　某游戏的出圈社交传播埋点案例

7.5.5　其他方案

除了上述介绍的渠道运营方案，还有其他渠道运营方案，其获客效果和长期运营效果也非常好，如社区运营、市场营销等。

- 社区运营：社区运营也是获客的一种方式。随着 TapTap 等新兴平台的发展，新的内容分发方式在获客方面展现出更高的精确度和更低的成本。然而，社区运营的核心目标在于维系用户，实现游戏长期口碑运营。因此，社区运营的相关内容将在第 8 章详细阐述。

- 市场营销：市场营销是不可或缺的高质量推广方式。市场营销的推广形式往往比较直接，例如明星代言、品牌联名推广、线下媒体推广、广告位买断等。

在当前市场流量竞争日趋激烈的背景下，根据游戏发行平台的特点，游戏厂商可采用更多样化的推广策略。

渠道运营的核心在于投入与收益之间的平衡，以此来选择适合自身游戏产品的推广方式。同时，随着新兴平台的不断崛起，相信未来将呈现出更多的渠道运营方案。

7.6　小结

本章对常见渠道和渠道运营方案进行了系统性的介绍。首先，阐述渠道运营的背景，进而聚焦到本章的重点内容；其次，对当前主流渠道进行概括介绍，总结其特点，以便于加深读者对主流渠道的理解；再次，在此基础上，结合各渠道特点，介绍了渠道运营的不同阶段和资源投入的优先级；从次，引入渠道素材运营的核心流程，包括素材需求分析、素材创作、素材效果分析和素材自动化管理等，以展示素材运营方案；最后，从主流渠道运营方案出发，阐释渠道运营的具体方法。

在实际应用场景中，渠道这个广义的概念涵盖了市场营销、线下推广、社区推广等多种重要的推广途径。渠道运营的核心在于考虑游戏的不同运营阶段、预算分配以及 ROI 目标等综合因素，以选择最适合游戏产品的推广方式。

第 8 章
社区运营

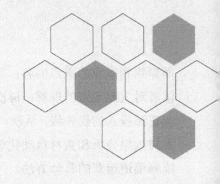

第 7 章介绍了获客方案,即找到用户的渠道运营方案。而社区推广本身也是一种获客方式,但其更核心的价值在于留存用户并激发其活跃度。在游戏行业中,社区运营旨在通过一系列精心策划的内容和活动,以及针对不同层级用户的个性化策略,为用户打造一个官方与用户、用户与用户之间互动交流的平台。这样的社区环境让用户(游戏中,用户也称为玩家,本书不作区分)能够更深入地沉浸在游戏中,享受更富有情感和更高质量的游戏。

8.1 社区运营的背景

在展开介绍社区运营方案和实际案例之前,首先要定义社区和社区中的内容。

8.1.1 社区的定义

社区在不同的场景下有不同的定义,在网络世界中,它被定义为网络社区。网络社区为人们提供了一个可以在虚拟世界中交流的平台,打破了传统线下社区的地域束缚,使人们能够以更低的成本进行交流。本书所讨论的游戏社区是网络社区中一个更为特定的场景,是游戏爱好者聚集交流的网络平台。

在游戏社区中,玩家不仅可以获得较权威的官方指引、教程、活动预告、版本更新预告等信息,而且能与其他玩家进行交流。在游戏社区中,官方与玩家、玩家与玩家之间的信息传递模式如图 8.1 所示。

正如第 7 章中提到的,渠道主要是指为用户提供游戏下载入口的平台,而本章中社区被定义为用户交流信息的平台。但是目前很多平台既是渠道平台又是社区平台,如 B 站、TapTap

等。目前，纯社区平台有百度贴吧、新浪微博等。

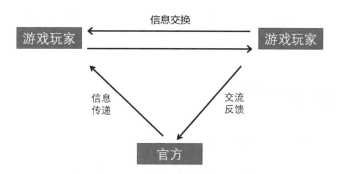

图 8.1 官方与玩家、玩家与玩家之间的信息传递模式

8.1.2 内容的定义

内容是社区运营的基础，也是维系玩家忠诚度从而留住玩家的关键。常见的社区内容分类如图 8.2 所示，包括官方的专业生成内容 PGC、职业 KOL 产出的专业用户生成内容 PUGC 和玩家自发生产的用户生成内容 UGC。从生产数量来看，UGC 是最多的，但从内容的质量和合规性风险来看，PGC 是最权威的。

社区内容中，PGC 和 PUGC 一般是官方可控的。在实际运营中，UGC 可以分为精品 UGC 和普通 UGC，大部分是玩家自发创作的。其中，一部分精品 UGC 是由社区的核心创作者完成的，另一部分则由官方通过一些公开的活动引导普通玩家完成。因此在 UGC 中，一部分精品 UGC 实际上也处于官方可控的范围内。

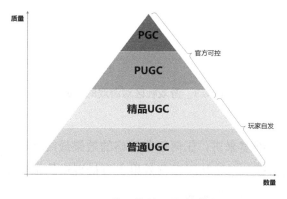

图 8.2 常见的社区内容分类

优质的内容不仅可以给用户带来更好的游戏体验，而且能增强用户对游戏的情感连接及对游戏IP的认可。此外，优质的内容还可以引导用户自主传播，从而辐射更多的用户，给游戏带来自然用户增长和热度。

8.2 社区运营的价值

游戏社区是官方与玩家、玩家与玩家之间传递信息的平台，有利于游戏的长线运营。社区运营的核心价值体现在两个维度，即对游戏的价值和对玩家的价值。下文通过一些常见的量化指标来描述社区运营的价值。

8.2.1 对游戏的价值

游戏社区对游戏的价值可以从两个维度来量化，如图 8.3 所示，一是游戏最核心的数据指标，二是游戏口碑。这两者之间也存在一定的相关性：数据指标的不断变化会影响游戏知名度和品牌的宣传，即影响游戏口碑；而良好的游戏口碑也会反映在游戏的数据指标上。

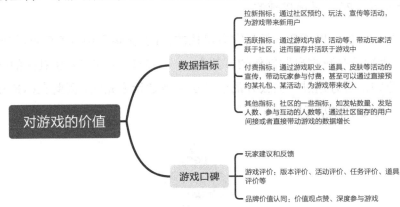

图 8.3　游戏社区对游戏的价值

1. 数据指标

从对游戏的价值这一维度来讲，任何运营策略的效果最终都可以量化为拉新、留存、促活、回流和付费等数据指标。当然社区运营效果也有最直观的量化指标，包括发帖数量、参与人数、内容点击率、优质帖子的数量等。

对社区运营而言，拉新指标最直接的量化标准是通过社区推广入口点击并下载游戏的用户数量。此外，我们也不能忽视间接的口碑传播效应，即用户在感知到相关信息后，因兴趣驱动而主动从应用市场下载游戏。当然，拉新指标的量化方式还有很多，可以依据具体的业务场景灵活定制。

活跃指标包括留存、促活和回流等数据，这些数据可以通过社区玩家的活跃度、参与活动的人数来反映。进一步地，活跃指标也可通过游戏数据来量化，例如在社区中推广游戏内活动和玩法时，可以统计这个活动或玩法的关键词在社区内的出现频率，以此来估算参与该活动或玩法的玩家数量，最后计算其与游戏中实际参与该活动或玩法的玩家之间的交集，从而评估社区运营对游戏的价值。

付费指标的量化相对来说没有那么直接，可以通过根据社区用户在社区内的参与程度对其进行分级，分析不同层级的用户群体与游戏付费整体用户群体的交集，从而间接验证社区运营对游戏付费的影响。例如，标记在一周内深度参与社区讨论和活动的用户，再校验这些用户在游戏内的付费数据，从而证明社区内容的价值。在此过程中，最关键的是准确定义社区中深度参与的用户标准，以及游戏运营人员对其验证的标准。有实例表明，优质的活跃社区用户与游戏付费整体用户群体的交集达 80%以上，这足以说明社区对付费行为存在一定的影响。

2．游戏口碑

游戏运营的目标通常是既要达成上述数据指标，又要长期维持并尽可能超越这些数据指标。为此，需要时刻关注游戏的口碑，以保证游戏的长期运营。

游戏口碑在这里被定义为一个广义的概念，其核心在于用户对游戏的情感投入和深度认同。通常，我们可以通过玩家对游戏内容的建议和反馈、对游戏的评价以及对游戏品牌价值的认同程度来评估游戏的口碑。

- **玩家建议和反馈**：社区是收集玩家反馈的重要渠道之一。社区有助于游戏运营人员更及时地了解玩家对游戏内容的建议、对 bug 的反馈以及投诉意见。
- **游戏评价**：衡量游戏内容、活动等是否成功，首先可从数据维度进行量化分析，其次要从玩家的满意度进行评价。例如新版本发布后，玩家对新版本性能的评价、对活动的评价、对新玩法的评价，甚至是对整个游戏版本更新情况的评价等，均能反映游戏内容和活动的质量。通过社区玩家对游戏的评价，运营人员能有效感知游戏运营策略的优劣。

- 品牌价值认同：不管是游戏的研发团队还是运营团队，都希望有一群真正认可并支持自己游戏的核心玩家。这种认同超越了付费行为，是影响付费决策的非常重要的因素之一。所以用户对游戏品牌价值的认同、对未来游戏内容（包括新资料片、新职业、新活动、新玩法等）的期待，是对游戏从业者的一种更高价值维度的认可。用户在社区中积极参与，例如对游戏内容的二次创作，以及对游戏的深度讨论等，都是对游戏品牌价值的认可。这也侧面说明了社区是游戏品牌价值传播的有效渠道。

8.2.2 对玩家的价值

上文提到，社区运营对游戏的价值非常重要，而玩家是游戏社区的基础，因此社区运营需要充分考虑对玩家的价值。游戏社区对玩家的价值如图 8.4 所示。游戏社区本身可以被视为游戏玩家使用的工具，玩家可以通过社区获取所需的游戏攻略或者游戏信息。另外，玩家深度参与社区内容互动，可以形成以游戏为核心的社交圈子，这使得游戏社区也具有社交价值，促使玩家与游戏建立起情感联系。运营人员对玩家社交圈子的运营，也可以增强玩家与游戏之间的黏性。

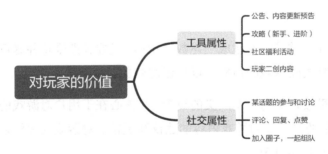

图 8.4　游戏社区对玩家的价值

- 工具属性：社区对玩家来说最根本的价值在于其工具属性，即玩家可以通过社区获得权威的官方信息（如公告、内容更新预告等）、专业的攻略，可以参与社区福利活动，以及享受丰富的玩家二创内容等。
- 社交属性：社区除了具有工具属性，还具有社交属性，即社区是玩家互动的场所。玩家在社区中可以参与各种活动，或针对某些主题和内容进行讨论，进而可以与其他游戏玩家建立互动关系，形成一个有共同游戏爱好的社交圈子。同时，玩家之间社交关系的建立，也促使他们更愿意在社区和游戏中保持活跃。

8.3 社区平台介绍

社区平台经过多年的发展，类型已经非常丰富，其形态从早期的论坛、贴吧发展到现在的游戏垂直综合社区等，且其交互方式也从早期的图文形式发展到现在的音视频、直播等多种形式。

下文首先介绍主流社区平台的分类，并概括介绍各个类型社区平台的特点。然后，结合游戏的不同阶段，介绍社区平台的运营节奏。

8.3.1 主流社区平台的分类

社区平台，一般分为两种类型：一种是官方的社区，例如公众号、小程序、官方 App 等；另一种是第三方社区，例如 TapTap、微博、快手等。

其中，第三方社区的平台形态非常多，如游戏口碑社区、视频/直播社区、垂直内容社区等。如果运营人员想要根据游戏类型和社区平台的特点进行精细化运营，就需要对第三方社区平台进行更细致的分类。主流社区平台分类如图 8.5 所示。当然，社区平台的分类方式很多，可以根据具体的业务场景和背景灵活地划分。

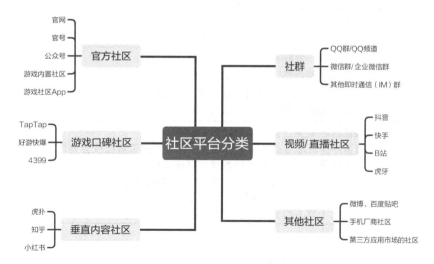

图 8.5 主流社区平台分类

8.3.2 主流社区平台的特点

运营人员在运营游戏社区时,并不会在所有的平台均等地投入资源,而是根据游戏自身的特点、目标用户画像、社区平台的用户画像和社区平台的特点等,选择适合自家游戏的社区平台,并针对性地投入更多资源。

主流社区平台的特点如表 8.1 所示。在具体运营中,需要综合考虑游戏运营阶段、资源预算、平台合作关系等多方面情况,调整运营优先级,合理分配资源投入。

表 8.1 主流社区平台的特点

类型	特点
官方社区	官方社区一般分为两种类型。一种是官网、官方账号和公众号。其特点是信息单向输出,不符合年轻用户的使用习惯,但是产品形态有较多延展空间,其 PGC 专业、权威。另一种是游戏内置社区或官方社区 App,如米游社、英雄联盟助手等。其特点是玩家可以快速找到游戏同好,且官方管理内容丰富,也有较多的拓展空间
社群	社群是核心玩家的维护基地,具有很高的及时性、互动性,同时也是舆论首次爆发的焦点,也是公关维护和稳定舆论的关键场所
游戏口碑社区	注重口碑、游戏质量和内容的运营 学生群体核心用户聚集地 官方直接参与运营和沟通,适合 KOL 培养和优质内容运营
视频/直播社区	内容:视频/直播/赛事/解说/游戏娱乐事件等 头部效应比较明显,需要官方团队进行 KOL 挖掘并搭建生态系统
垂直内容社区	垂直领域,爱好相同用户的聚集地 不是每个游戏都适合在此类社区中运营 游戏与用户属性契合很重要,否则投入的性价比低 适合产出优质内容、特色活动,社区生态健康
其他社区	其他社区类型,例如微博、百度贴吧 微博:有市场节点的曝光诉求(一般微博的买量投放会要求官号配合),以及一些特殊运营需求(比如成熟游戏要打造虚拟偶像) 百度贴吧:作为 BBS 形态的社区,其最大的优势是完整实现了社区本位价值,即最早的社区和社群的概念源自玩家自发产生的讨论"灌水"文化。但其最大的劣势也在于官方可介入的程度不可控

8.3.3 社区平台的运营节奏

随着游戏运营阶段的重点目标和资源投入的变化,运营人员在社区平台的选择和运营节奏上会采取不同的策略。此外，不同特点的游戏在社区运营节奏上也会表现出较大差异。

分阶段的社区运营思路如图 8.6 所示。下文分别阐述不同阶段对应的重点运营目标和侧重的社区平台。

图 8.6　分阶段的社区运营思路

- 筹备前期：筹备前期最重要的任务是核心种子用户的获取。聚拢优质的种子用户，收集其反馈和建议，有利于运营人员对产品进行调优。同时，这样也可以帮助形成初期的口碑效应，为后期扩量奠定基础。前期获取种子用户的核心渠道是垂直游戏社区，目前国内的垂直游戏社区有 TapTap、好游快爆、4399 等。
- 筹备中期：随着前期的准备工作结束，游戏产品也完成了内容的初步调优，社区运营进入筹备中期。在此阶段，需要引入更多的用户进行大规模测试。扩大用户规模并聚集更多的核心用户，有助于游戏上线后获得大量用户。所以此时社区运营的核心阵地是官方社区，例如游戏官方的微信公众号、官方自媒体账号等。
- 上线期：该阶段的重点是扩量，以及提高产品的认知度和口碑。此时可以借助前期积累的核心用户去触达更多的潜在用户。在上线期，社区运营的核心策略包括通过短视频、直播平台等进行传播推广，以吸引更广泛的用户群体；同时，通过内容运营和口碑传播，促进用户的转化。

8.4　社区运营方案

社区运营方案的 4 个核心过程如图 8.7 所示。首先，需要建设社区氛围，奠定游戏社区内容的基调；其次，通过分析用户群体特点，对游戏用户进行分层管理；再次，通过对社区内容的系统化运营，构建社区的内容生态环境；最后，通过社区活动运营，促进玩家在社区内保持活跃。

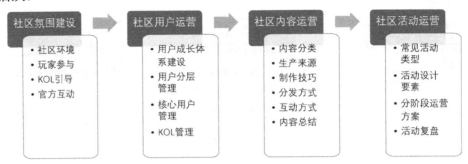

图 8.7　社区运营方案的 4 个核心过程

- 社区氛围建设：社区氛围是玩家交流的基石，良好的社区氛围是留住用户的前提。首先，我们要为社区设定一个积极的基调，维护好社区环境；其次，营造玩家主动参与的氛围；再次，通过 KOL 的引导来造势；最后，通过官方互动带动游戏整体节奏。

- 社区用户运营：不论是在游戏自建官方平台，还是在基于第三方社区平台构建的游戏社区，社区用户运营的思路大体是一致的，区别在于官方一般无法干预第三方平台设定的用户管理体系。通常来说，社区用户运营的首要步骤是构建用户成长体系，明确告知玩家清晰的成长轨迹和其相应权益；其次，通过玩家在社区的活跃度和官方的招募活动，对用户进行分层管理；再次，通过对核心用户的管理，激励社区精品 UGC 的生产；最后，通过管理 KOL 来扩大头部话题的影响力，提高口碑传播效果。

- 社区内容运营：不管社区平台的形态如何，内容运营都是社区运营的基石。虽然不同社区平台的内容风格、侧重点差异很大，例如重内容社区和短视频社区有着两种完全不同的内容风格，但是其背后的运营逻辑和方法是相似的。本章主要以游戏自建社区、游戏垂直社区等偏内容型社区为例，阐述内容运营的核心方案，包括内容分类、生产来源、制作技巧、分发方式、互动方式和内容总结。

- 社区活动运营：如果说用户是社区的核心，内容是社区的基石，那么社区活动就是推动两者运转起来的有效手段。活动的核心是奖励的公平性和价值性，恰当的激励会明显带动用户积极参与内容创作，提升社区活跃度。与社区内容运营类似，社区活动运营也以偏内容型社区为主，重点介绍社区活动运营思路，包括常见活动类型、活动设计要素、分阶段运营方案和活动复盘等。

8.4.1 社区氛围建设

为玩家带来参与感、归属感，激发玩家的游戏情怀等是社区运营的目标之一，而实现这个目标的前提是建设符合游戏调性的社区氛围。良好的社区氛围能够激励玩家主动参与内容创作及评论、点赞等社交行为，是留住社区玩家的基本前提。

要建设良好的社区氛围，可从社区环境、玩家参与、KOL 引导和官方互动等维度思考，其方案如图 8.8 所示。

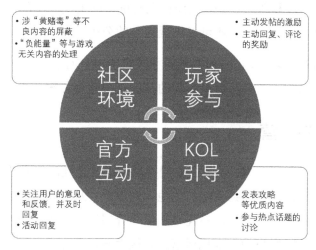

图 8.8　社区氛围建设方案

- 社区环境：管理好社区环境是营造良好社区氛围的第一步。通常社区平台需要具备安全审核的能力，比如自动删除或屏蔽敏感内容（如涉"黄赌毒"等不良信息）的能力。同时，对于一些难以处理的模糊内容，社区管理员应当重点关注。另外，对于帖子中与游戏无关的"负能量"内容，社区管理员也应保持关注并及时处理。
- 玩家参与：玩家参与的积极性直接影响社区的活跃度。玩家参与度通常从发帖、阅读、评论、点赞、收藏和分享等维度的数据来评估。为了提高玩家参与的积极性，通常官方会组织一些社区活动，例如玩家在官方发布的活动帖子下的评论区回复并晒战绩，就有机会赢得某皮肤等。对于一些优质的玩家帖子，社区管理员可以通过将帖子置顶或奖励发帖玩家等策略来激励玩家。

第 8 章 社区运营

- **KOL 引导**：KOL 引导往往是官方为了促进优质内容生产、放大舆论效果和正向引导玩家而采用的有效策略。通常官方会通过创作者计划或主动搜集的方式，吸引并聚集游戏玩得好或有一定影响力的玩家，激励其创作优质的帖子，如攻略、教程等，从而扩大专业内容的覆盖面，进而指导普通玩家的游戏行为。

- **官方互动**：官方互动很多时候是官方认可玩家的一种体现，即对玩家的正向鼓励。例如对于一些热门帖子，官方可以通过回复部分玩家的评论来体现官方的关注度和参与度。又如，在一些与活动相关的帖子中，官方可以在中奖玩家的内容下直接评论，从而体现官方活动的公平性。再如，在玩家反馈建议的帖子中，官方可以直接回复相应的看法和改进计划，从而体现对玩家的重视。官方的互动行为可以让玩家感受到被重视、被关怀，还可以体现官方的公平性。

上文讲述了如何营造公平、正向和积极的社区氛围，进而提升产品的口碑和玩家的黏性。在不同游戏类型、场景下，还会有更多实际的社区氛围建设方案。

8.4.2 社区用户运营

社区运营的目标受众是用户，用户的分层管理和运营是社区内容建设前的核心工作。用户来到社区，希望得到指引、找到攻略、与他人交流等，从而找到归属感和满足感。因此，对于用户的运营，可以从用户成长体系建设、用户分层管理、核心用户管理和 KOL 管理等方面进行，最终实现社区用户的精细化运营。社区用户运营方案如图 8.9 所示。

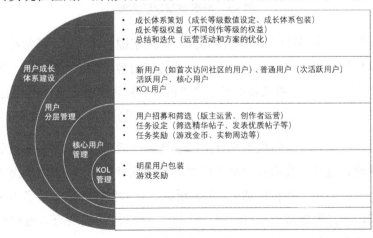

图 8.9　社区用户运营方案

1. 用户成长体系建设

无论是游戏自建社区平台（如米游社），还是第三方垂直游戏社区（如 TapTap），都有其成熟的用户成长体系。通常用户成长体系由成长任务、成长等级数值设定、成长体系包装、成长特权、活动奖励等要素构成，如图 8.10 所示。

图 8.10　用户成长体系的构成要素

- 成长任务：内容型社区的成长任务通常包括发帖数量、粉丝数量、点赞和评论数量、推荐指数等。社区会综合考虑这些任务，从而构建一套计算方式，为玩家的等级成长提供明确的指引。部分社区的成长等级构成示例如图 8.11 所示。

某官方社区App

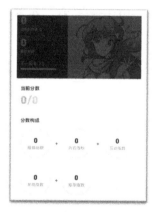

某第三方社区App

图 8.11　部分社区的成长等级构成示例

- 成长等级数值设定：不同成长等级对应不同的难度和成长数值，初期成长反馈强烈且迅速，到中期逐渐平滑，到后期放缓。不同社区的等级成长所需要的分数和经验值的设计原理大致相同，最后体现为成长等级数值，一般是 Level 1～Level X 等。

- 成长体系包装：不同的社区对于等级成长相关概念的命名不一样，通常会进行一定的语言包装，例如积分不称为积分，而称为创作值，等级 Level 1 又称为"小虾作者"等。

- 成长特权：随着等级的增加，用户往往会拥有更多的特殊权利和更高的权限，还可能得到游戏发行商提供的虚拟或者实物奖励。某社区的等级权益示例如图 8.12 所示，Level 3（LV3）等级可以抢先获得手游专属测试资格和更多的渠道收益加成，同时成长数据看板也更丰富。

- 活动奖励：社区也会推出各种活动，如创作活动、论坛活动、话题活动等，鼓励用户参与，并向参与活动的用户发放游戏奖励、周边奖励等，从而带动社区活跃发展。

图 8.12　某社区的等级权益示例

2. 用户分层管理

每个游戏社区都会对社区内的用户群体进行分层管理，以便针对不同用户设定不同的运营目标，采取不同的运营策略。在不同游戏场景下，用户分层方式不同。用户分层管理方案如图 8.13 所示。

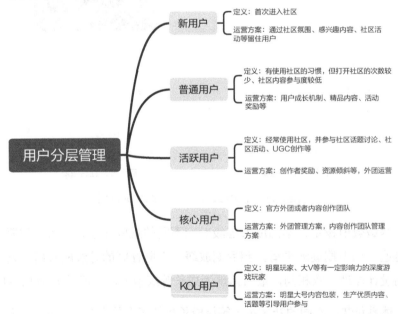

图 8.13　分层用户管理方案

- 新用户：新用户是指首次进入社区的用户。对于首次进入社区的用户，社区的氛围非常重要。新用户比较关注游戏社区的功能性，希望其在内容的分类上清晰明确，如明确分为官方公告、攻略、论坛、热门话题等内容板块，因此社区要做好内容分类。此外，社区如果能提供优质的内容和丰富的社区活动，那么往往也可以留住新用户。

- 普通用户：新用户有一定活跃度后，会转化为普通用户，但是普通用户活跃度不高，社区内容参与度很低。对于普通用户，社区可以通过用户成长机制、精品内容等吸引用户参与社区内容的创作、评论、点赞等。同时，社区也可以通过活动奖励激励用户深度参与社区的内容互动，例如晒战绩赢取装备、皮肤等活动。

- 活跃用户：普通用户经过一系列成长、内容消耗和游戏活动的激励，逐步成为社区的活跃用户，并深度参与社区 UGC 创作。对于活跃用户，社区运营人员需要额外关注对创作者的激励和资源的倾斜。社区运营人员可以通过游戏外团来引导活跃用户更深入地参与社区活动，并通过一定的奖励措施来持续促进用户活跃（也称为促活）。

- 核心用户：普通用户经过社区官方的筛选，可以成为游戏外团成员或者社区内容创作团队成员。游戏外团成员可以参与社区的管理，例如删除不良内容、推荐优质内容、执行活动、管理优秀活跃用户和发放奖励等。社区运营人员可以制定一系列可量化的任务，并发放游戏虚拟奖励或者实物奖励，激励游戏外团成员完成任务。对于社区内容创作团队成员，社区运营人员需要制定创作的标准和流程，并设定相应的考核机制来引导其产出精品 UGC，并通过一系列奖励措施来激励其持续产出优质内容。

- KOL 用户：KOL 用户指游戏中拥有一定数量粉丝的"大V"和明星用户等。对于 KOL 用户的运营，最直接的方案是包装和引导，促进其生成 PUGC 权威内容，如官方攻略等。同时，社区可通过 KOL 用户提升话题的参与度和讨论度，从而给其他用户带来正向积极的引导，有利于游戏口碑的传播。

3. 核心用户管理

从上文所述的用户分级管理中可以明确看出，核心用户是社区运营人员的重要伙伴，因此核心用户管理至关重要。核心用户分为游戏外团成员和社区内容创作团队成员两类，其招募和管理也有差异。

- 游戏外团成员：某游戏外团成员的招募流程示例如图 8.14 所示。通常，游戏外团成员能够直接参与社区内容的管理，例如筛选优质内容和处理不良内容等，同时游戏外团成员也能引导活跃用户更好地参与 UGC 的创作。为更好地管理游戏外团成员，社区运营人员需要设定清晰的奖励方案，如周边奖励、定制游戏道具等。

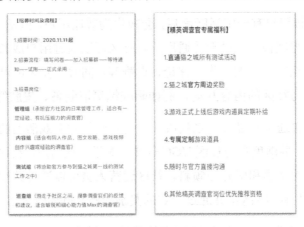

图 8.14　某游戏外团成员的招募流程示例

- 社区内容创作团队成员：社区内容创作团队成员是游戏内生产精品 UGC 的主力用户，也称为创作者，相对来说其招募条件会更苛刻，同时奖励力度也更大。某游戏创作者的招募计划示例如图 8.15 所示。招募条件往往要求创作者有一定的内容制作经验和水准，而且对内容的创新性也有一定的要求。

图 8.15　某游戏创作者的招募计划示例

4. KOL 管理

KOL 管理是社区用户运营的核心工作之一。KOL 用户发表的观点和内容会直接影响大部分普通用户，所以对 KOL 的搜集和管理非常重要。常见的 KOL 形式有多种，需要结合实际的业务和场景来判定，通常可分为核心玩家、社区达人、明星主播、优质内容创作者等。

- 核心玩家：每个游戏都会有一些玩得很厉害的头部核心玩家，通常这部分人会有一批相对忠诚的游戏追随者，他们会自然形成一个小众的圈子。对于这部分核心玩家，官方运营团队需要重点关注，给予玩家能体现其身份的游戏认证或一定的游戏福利，鼓励其输出一些正向的游戏话题、观点和内容，从而提升普通玩家的活跃度。例如鼓励这部分玩家进行攻略整合、包装，并给予其相应奖励。

- 社区达人：社区达人是社区中高度活跃的优质用户，其创作等级较高，生产了大量 UGC，在社区内有一定的影响力。对于此类用户，官方运营团队可以借助其在社区的影响力，通过激励措施和内容包装，促使其创建一些关于游戏内容的讨论话题，提升普通玩家的参与度。

- 明星主播：明星主播类似于"大神"玩家，有一批忠诚的追随者。对于明星主播，官方运营团队可以通过激励的方式，吸引其传播游戏社区的活动、游戏内容新玩法、游戏趣事等，继而带动其他用户活跃参与游戏。对于有较大影响力的头部主播，官方运营团队可以加大合作力度，将其塑造为游戏的官方大主播等。

- 优质内容创作者：优质内容创作者可以是核心用户中的社区内容创作团队成员，也可以是社区中其他发表优质内容的创作者等。对于此类用户，官方运营团队可以重点运营，激励其生产优质的 PUGC，如攻略等，或者激励其对游戏内容进行二次创作，产出利于传播的同人、二创作品等。对此类用户的运营程度，直接决定了社区精品内容的产出数量。

8.4.3 社区内容运营

如前文所述，内容是社区运营的主要呈现方式。社区内容通常可以分为 3 种，分别是 PGC、PUGC 和 UGC。从生产质量维度来看，PGC 最优质；从生产数量维度来看，UGC 最多。理想中社区内容应当既有质量又有数量，所以官方对社区内容创作的激励和运营方案至关重要。

社区内容运营如图 8.16 所示，主要围绕内容分类、生产来源、制作技巧、分发方式、互动方式和内容总结方面展开。

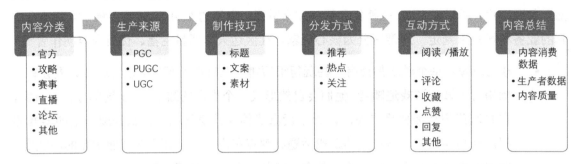

图 8.16　社区内容运营

1. 内容分类

不同社区的内容分类和呈现方式不一样，整体而言，社区内容均围绕给用户提供新手指引、攻略、话题探讨和赛事等内容展开。三个某游戏社区的内容分类示例如图 8.17 所示。虽然每个社区内容板块的分类方式和命名方式差异较大，但其基本运营思路是一致的。

图 8.17　三个某游戏社区的内容分类示例

以某 MOBA 游戏社区为例，社区内容的分类方案如图 8.18 所示。

8.4 社区运营方案

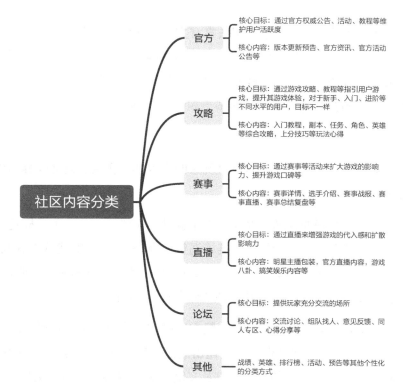

图 8.18 社区内容的分类方案

2. 生产来源

社区内容从生产来源来看，主要可以分为 PGC、PUGC 和 UGC。不同生产来源内容的特点如图 8.19 所示。

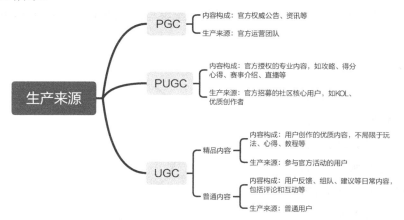

图 8.19 不同生产来源内容的特点

从社区内容质量来看，内容质量紧密依靠官方运营团队、官方指定的游戏外团成员和核心创作者。他们生产的内容直接决定了社区内容的水准。从社区内容数量来看，内容数量主要由社区普通用户群体决定。所以，官方运营团队要通过外团管理调整内容生产的节奏，从而把控内容数量，例如及时处理质量差的帖子和评论、筛选并推荐优质内容等。

3. 制作技巧

在社区内容运营中，如何生产能够吸引玩家的内容非常重要。通常内容制作的核心要点是标题、文案和素材（包含图文和视频）。

- 标题：拥有一个好的标题，内容的创作就已经完成了一半，可见标题在内容中的重要性。例如某游戏公告标题为"英雄调整情报公告"，玩家能从中获取的信息有限，而如果将标题改为"英雄调整情报公告|云缨、桑启、宫本武藏增强、廉颇优化"，玩家就可以通过标题清晰地获知核心角色的变动情况。

- 文案：文案是游戏内容的描述。一般文案的常见套路，可以从引起玩家期待的角度去设置。文案的内容包括但不限于抛出痛点问题及解决方案、知名品牌的联动宣传、快速获得某道具或奖励的攻略，以及文笔优美的内容介绍等。例如《王者荣耀》的文案："谁得到了瀚海之心，谁就能驾驭这片沙漠！出没于沙海的飒爽射手戈娅居然被悬赏？王者新英雄戈娅 CG 动画明日上线！"这就是抛出痛点问题和解决方案的典型案例。

- 素材：相比于文本，图片和视频能更清晰、直观和快速地表达内容，而且视频还能加深玩家对游戏的代入感，能进一步吸引玩家参与具体的社区讨论，甚至去游戏中体验。

4. 分发方式

当有了内容后，运营人员需要进一步思考如何使不同玩家均能看到其关注和需要的内容，即将重点内容清晰地呈现给用户，即内容分发。社区内容的常见分发方式如图 8.20 所示。

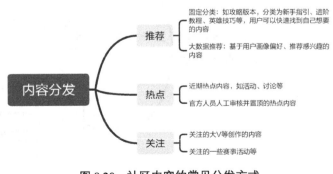

图 8.20 社区内容的常见分发方式

- 推荐：在不同场景下推荐的定义不一样，在这里，推荐被定义为两部分，分别是固定分类和大数据推荐。固定分类一般指的是将用户关注度较高的内容放置在首位，如官方公告、攻略、论坛讨论等，其中部分内容还有更细致的分类，如攻略可分为新手指引、进阶教程等，方便用户快速找到自己感兴趣的内容。大数据推荐一般指的是在首页内容中基于用户偏好推荐其感兴趣的内容。

- 热点：热点一般是大多数人会关心的内容，例如近期讨论度很高的游戏活动、话题等，会限时展示给用户。一般产品都有按时间和热度等热点内容进行排序的功能。另外热点内容也可以是由官方人员（如游戏外团成员等）生产的通过人工审核并置顶的内容。

- 关注：用户主动关注的游戏官方或"大神"玩家更新的内容也会优先被推荐给用户。

5．互动方式

社区互动方式具体如图 8.21 所示。

针对图中展示的内容互动方式，社区需要不断优化相应的用户体验，在使用用户低成本地获取社区内容的同时，引导用户将社区内容转发到社区外部，例如分享至微信或微博等，以此产生更大的传播效果。

图 8.21　社区互动方式

6．内容总结

社区内容运营的目标不仅是生产内容，更重要的是促使用户消费内容从而满足社区用户的痛点和需求。因此，内容总结环节非常重要，社区运营人员需要总结的内容有玩家消费数据、创作者持续生产的动机、内容质量等。

社区内容总结的维度在不同社区、不同类型游戏和场景下也不同，可以灵活选取。一般而言，内容总结的维度如图 8.22 所示。

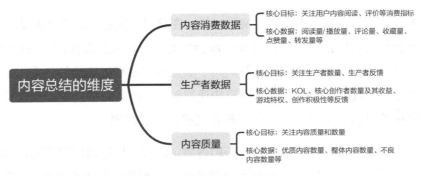

图 8.22　社区内容总结的维度

- 内容消费数据：社区内容的受众是社区用户，不同层级的用户所需的内容不同。因此，社区内容的消费数据在一定程度上也反映了用户的需求。例如，阅读量/播放量体现了用户对某些内容的关注度，评论量体现了用户参与某一内容讨论的积极性，点赞量、收藏量和转发量等数据体现了用户对内容的认可度，用户的反馈和意见体现了内容改进的方向。

- 生产者数据：生产者是内容的源头，除了官方 PGC 生产者，PUGC 和 UGC 生产者也非常重要。因此，社区运营人员需要关注内容生产者的粉丝量、作品数量、作品质量、收益数据、游戏特权和对社区内容的反馈建议等，通过分析生产者数据，调整对生产者的奖励，从而维持社区内容的质量。

- 内容质量：活跃社区的内容整体数量较多，质量相对比较优质。整体内容的数量、优质内容的数量、不良内容的数量和用户评价情况，可以作为评价社区内容运营效果的指标。

另外，在社区内容运营过程中，运营人员需要按照合规化的标准，及时屏蔽不合规的文章、评论和回复等，此外，还需要处理辱骂他人的内容或消极的负面内容。

8.4.4　社区活动运营

社区活动运营是社区运营的重要组成部分，指的是社区运营人员通过鼓励用户参与活动并发放奖励，带动社区内容的产出并维持社区用户的活跃度。社区活动运营的目标是生产更多优质的内容以吸引更多新用户，留住更多老用户，并提高用户活跃度。

基于社区活动运营的目标，社区活动运营方案需要注重 4 个因素：首先是基于目标开展不同类型的活动；其次是设计一个优质的活动需要考虑的要素；再次是分阶段的运营方案；最后是通过活动复盘优化后续活动的设计。社区活动运营的方案如图 8.23 所示。

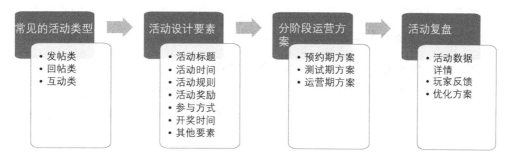

图 8.23　社区活动运营的方案

1．常见的活动类型

基于社区活动运营的目标，可开展的活动类型多种多样。但从用户参与的角度来看，常见的活动可以概括为发帖类、回帖类和互动类，如图 8.24 所示。在不同风格的社区，如直播或短视频等平台中，社区活动类型将更加丰富。下文主要以游戏垂直社区的运营为例，介绍社区活动类型。

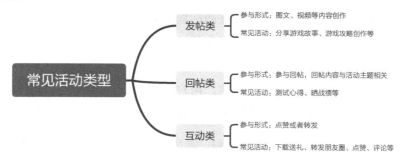

图 8.24　常见的活动类型

- 发帖类：发帖类的活动是社区平台和游戏官方引导玩家生产高质量 UGC 的有效活动之一，一般包括发布图文帖子或视频帖子。通常此类活动的参与门槛较高，因为此类活动对玩家的创作能力有一定的要求，而且要求玩家比较了解游戏的玩法内容。所以此类活动的创作奖励力度相对较大，例如奖励实物现金和手机等。从长期来看，发帖类活动对社区内容运营非常重要，所以此类活动也是官方运营非常重视的活动类型之一。

- 回帖类：回帖类的活动是游戏官方为了提升玩家留存率和活跃度而组织的有效活动。一般回帖可以是图片、图文或视频。通常此类活动的参与门槛较低，互动性非常强，适合用来吸引玩家快速关注游戏指定内容。所以此类活动的奖励力度一般，常见的奖励是游戏周边、游戏代币/优惠券和道具等。

- 互动类：互动类的活动是社区为了配合游戏大型活动而组织的一类活动，一般通过要求玩家点赞和转发指定内容至朋友圈等，快速提高社区的活跃度。此类活动通常参与门槛更低，以互动为主。所以此类活动奖品较少，一般是游戏周边、游戏内福利和测试资格等。

2. 活动设计要素

上文基于社区活动运营的目标，介绍了常见的社区活动类型，那么下文将介绍如何设计优质的社区活动。一般活动设计的核心要素包括活动标题、活动时间、参与方式、活动奖励、活动规则、活动说明、开奖时间及其他要素，如图 8.25 所示。

图 8.25　活动设计要素

- 活动标题：与社区内容运营中提到的标题设计原理类似，标题是活动的核心，好的标题可以快速吸引用户点击。例如某游戏发布的活动标题是"金句征集|一句话形容你爱的军武，留言赢取精美坦克模型！"通过此标题，用户可以清晰地知道参与活动的形式和获得的奖励。

- 活动时间：活动时间必须明确、清楚。通常，一个活动的时间不会持续太久，大概持续 2 周。

- 参与方式：如上文提到，活动参与方式一般是发帖、回帖或者转发等互动。当然，在不同社区和场景下，活动的参与方式也会不一样。

- 活动奖励：与活动时间一样，活动奖励也要明确且清楚，即告知用户参与该活动可以得到什么奖品。

- 活动规则：对活动规则要有清晰、详细的说明，即需要告知用户如何才算有效参与活动。例如"必须在活动时间内，在本帖评论区回复特定内容，才算成功参与活动"，又如"活动有效参与人数少于 50 人将不予开奖"。

- 活动说明：活动说明可以合并在活动规则之中，也可以单独介绍，一般是对活动进行详细描述。例如"本活动为 TapTap 专属活动；活动预约截图不得盗用他人的图片，一经发现则取消获奖资格"。
- 开奖时间：一般开奖时间可以放置在活动说明或者活动规则中，也可以单独声明，开奖时间应明确且清晰。
- 其他要素：不同的游戏、不同的活动方式以及不同的社区平台，各有不同的活动设计要素，此处不再赘述。

上文总结了常见的活动类型和设计要素，那么一个完整的游戏社区活动文案案例如图 8.26 所示。

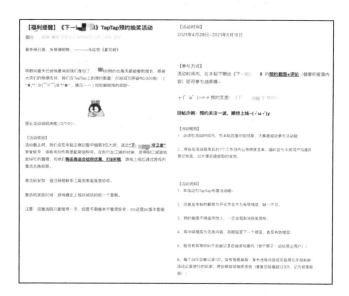

图 8.26　一个完整的游戏社区活动文案案例

3．分阶段运营方案

在游戏运营的不同阶段，社区活动的运营目标和运营方案也不同，例如游戏预约期的运营目标是种子用户的积累，以便于在后续的测试期获得有效的反馈。此时，可开放游戏预约活动对玩家进行引导，获取充足的预约玩家数。

社区活动的分阶段运营方案如图 8.27 所示。另外，为了配合社区活动，社区运营人员还需要招募帖子创作者、游戏外团成员和 KOL 等人员，来协助活动的展开和内容的输出。

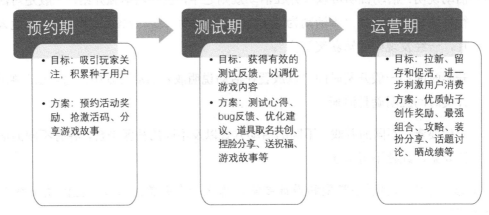

图 8.27　社区活动的分阶段运营方案

4．活动复盘

活动复盘是对社区活动运营的总结，通过分析活动数据和玩家反馈等，量化社区活动的运营效果，并为后续活动的展开提供指导建议。

活动复盘通常可以从 3 个维度展开，如图 8.28 所示。

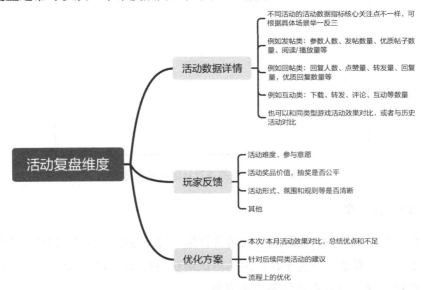

图 8.28　社区活动复盘维度

- 活动数据详情：活动数据是社区活动运营人员最关心的结果指标，通常可以与同类游戏（竞品）的活动数据进行对比，也可以与本游戏的历史活动数据进行对比，从而更好地对运营结果进行量化分析。社区运营人员不仅要关注数据结果，还需要关注优质的帖子、回复和评论等内容，这些有助于运营人员收集游戏调优意见和问题，以及优化后续社区活动方案。
- 玩家反馈：玩家的反馈是对活动质量最直接和最有效的评价。玩家的反馈通常包括玩家对活动的参与难度、对规则和说明的清晰度、对奖品的满意度等。玩家的反馈可以非常直接地量化活动的效果，因此社区运营人员在收集玩家反馈时要确保抽样人群有一定的代表性，并有效筛选真实的回复，排除夸大或不实的无效回复。
- 优化方案：基于本次或者本月活动的总结，分析当前活动开展的流程、方案和管理方式是否合理，并思考下一步的优化方向和重点，探讨是否涉及流程的迭代等。

8.5 社群运营方案

社群，顾名思义，是由具有共同爱好和共同需求的人组成的群体。游戏社群运营的本质可以理解为一种游戏社区运营形式。一般社区运营更注重长期的活跃度指标，而社群运营更聚焦于用户的高效管理，侧重于游戏的转化指标。社群运营和社区运营的关系如图 8.29 所示。

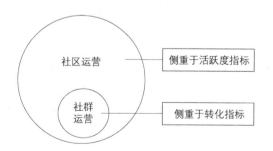

图 8.29 社群运营和社区运营的关系

社群运营的目标与社区运营的目标是一致的，都是为了在游戏的长期运营中留住一批忠诚的用户。运营人员通过多种运营策略，提升用户在社区内的活跃度，进而加强用户对游戏的情感依赖，促使其向游戏核心用户转化。社群运营是官方与用户建立情感连接的重要方式。在社群运营中，运营人员可以与用户即时沟通和互动，从而更快地收集和分析用户舆情。

下文通过一个实际案例介绍社群运营方案，如图 8.30 所示。

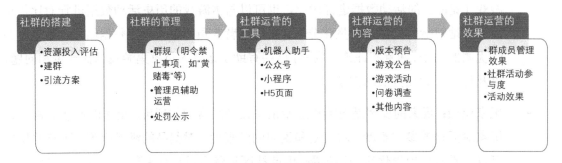

图 8.30　社群运营方案

- 社群的搭建：搭建社群是社群运营的前期准备工作。搭建社群时，运营人员需要评估为社群运营所需投入的资源（包括管理员和外团成员），还需要考虑在不同的社区平台构建的社群数量，以及确定引流方案等。

- 社群的管理：社群是非常高效且即时的沟通场所，如果管理不好，会导致舆情快速传播，所以社群的管理规范很重要。通常社群运营人员会制定明确的管理规范，例如群内严禁讨论任何政治、宗教、"黄赌毒"和暴力等话题。

- 社群运营的工具：社群可以引入机器人助手来自动发布进群欢迎语、群公告和违规警告等。在社群内容运营方面，可以借助公众号推文、小程序、H5 页面等成熟的工具或方式，展示运营内容，而在社群内部只需要发布承载运营内容的链接和同步信息。

- 社群运营的内容：社群运营的常见内容包括游戏新版本预告、游戏公告、游戏活动信息、问卷调查和话题讨论等。社群运营的内容服务于社群运营的目标，即提供工具价值和社交价值。通过社群运营的内容，游戏运营人员能更高效地了解玩家需求和收集反馈。

- 社群运营的效果：通过一系列社群运营方案，运营人员可以收集到关于游戏的反馈数据，包括群成员管理效果、用户的社群活动参与度和活动效果等，并据此来评价社群运营的效果。

8.5.1 社群的搭建

社群运营工作的第一步是搭建社群。社群的搭建分为建群前期准备和群成员引流两个步骤。

1. 建群前期准备

建群前期准备主要指的是围绕社群运营的目标和资源投入计划，来设定社群的规模。社群搭建所需投入的核心资源包括人力资源（管理员）、外团成员、奖励预算（实物奖品、虚拟奖品）等。所以需要搭建社群的社区平台类型和数量、社群的类型和数量，以及所需外团成员、管理员数量等，都是建群前期准备时要考虑的事项。

社群运营过程中，资源投入的比例会随运营阶段目标的不同而变化。例如在游戏测试期，社群运营的核心目标是吸引有测试资格的用户，并邀请他们进群讨论，通过引导和激励用户反馈来收集其建议。在此阶段，社群运营力度比较轻，目标也相对简单，资源投入比例也会较少。当游戏进入运营期后，可以根据具体的运营目标来决定重点在哪些社交平台（如QQ、微信、企业微信等）运营以及搭建多少个社群（以类型分或用数字命名）。

2. 群成员引流

群成员引流的方式多种多样，例如通过公众号推文、公众号菜单入口、官方公众号的个人介绍引流、社区中推广和通过玩家邀请进群等。虽然引流方式灵活多样，但用户加群的常见套路比较接近，一般是用户先添加官方小助手，再通过欢迎语来查看入群链接，最后选择并进入指定的群中。某游戏的群成员引流过程示例如图 8.31 所示。

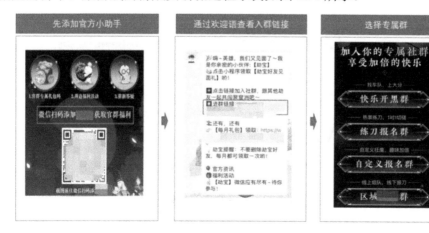

图 8.31　某游戏的群成员引流过程示例

8.5.2 社群的管理

社群的管理是社群运营工作顺利开展的基础。社群管理的核心要素是有明确的管理人员和明确的群规。有明确的管理人员可以理解为需要有管理员来维持社群秩序；有明确的群规则意味着明令禁止一些负面行为，并鼓励和引导正向行为。

1. 明确的管理人员

一个官方社群里除了官方机器人小助手，还需要有协助群主管理社群的人员，如游戏外团成员等。一个社群需要多少管理人员，取决于社群的建立目标和成员数量。以某游戏的玩家测试群为例，其目标是关注新版本内容的测试、玩家交流反馈和建议等，该社群中有群成员 1150 人、群主 1 人和协助管理员 4 人。当然，一个管理员也可以同时维护多个社群。

2. 明确的群规

社群的群规非常重要。通常，在新成员首次入群的欢迎语中会有关于群规的提醒，同时群公告中也会有关于群规的提醒。在社群运营过程中，管理员会不断引导群成员进行正向沟通，并通过公开的处罚信息来提醒成员遵守群规。不同游戏类型和场景的社群，群规包含的内容不一样，但其核心主旨都是围绕内容合规性、禁止负面信息、禁止引流信息和其他规定等来制定的。社群管理的群规如图 8.32 所示。某游戏的群规示例如图 8.33 所示。

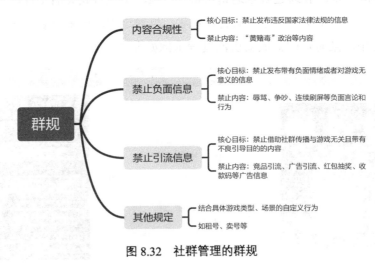

图 8.32 社群管理的群规

8.5 社群运营方案

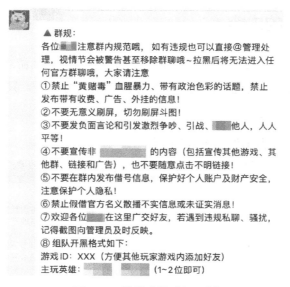

图 8.33 某游戏的群规示例

8.5.3 社群运营的工具

社群运营的工具包括两类，一类是可以发送群消息和具有自助客服功能的工具，例如机器人助手；另一类是承载运营内容的工具，如微信的小程序。

在社群运营中，自动回复消息的工作可以由机器人助手完成，例如新人入群时，机器人助手可以回复欢迎信息和群规。又如当群内成员讨论敏感内容时，机器人助手能提醒成员请勿发送或者禁止传播违规内容，并提醒成员尽快删除违规内容。

社群的内容运营，例如社区活动、攻略、抽奖等内容运营，可以借助公众号、小程序、H5 页面和群空间等工具或方式完成。先将运营内容呈现在上述工具上，然后机器人助手或者管理员将其以链接的形式转发到社群中。如果运营内容发生变更，只需要在工具上更新，即可实时同步给玩家，使玩家每次进入工具后都可以看到最新的内容或者用户定制化内容。这种运营方式大幅提高了社群运营的效率。

通过小程序工具运营的案例如图 8.34 所示。

图 8.34 通过小程序工具运营的案例

8.5.4 社群运营的内容

内容是社群运营中最核心的部分。社群发布的内容通常包括游戏官方公告、游戏活动、问卷调查等。整体而言，社群运营的内容与社区运营的内容接近，只是通过社群发布内容更直接和更高效，反馈更迅速。

某游戏的社群运营内容案例如图 8.35 所示。

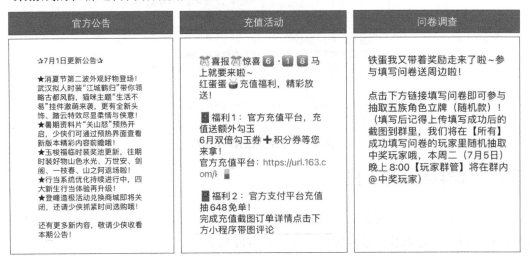

图 8.35　某游戏的社群运营内容案例

8.5.5 社群运营的效果

前文提到，社群运营是一种社区运营形式。相比于社区运营，社群运营更注重游戏数据的转化，所以评估社群运营效果的核心是对游戏数据的评估。社群运营效果的评估维度如图 8.36 所示。

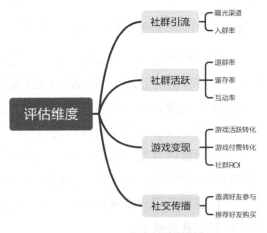

图 8.36　社群运营效果的评估维度

- 社群引流：引流是社群用户增长的第一步。如前文所述，引流的方式很多，例如通过公众号文章、好友推荐和社区推广等。评估社群引流效果的核心指标是社群新进成员数量，即入群率（用入群人数/入群来源渠道曝光量计算）。根据入群率，可以分析不同渠道入群率的差异及其原因。

- 社群活跃：使社群保持活跃是社群运营的核心目标。评价社群活跃程度的指标通常有退群率（用固定周期退群人数/群成员数量计算）、留存率（用固定周期的留存用户/同周期新进用户计算）和互动率（用发言人数/群成员数量计算）等。基于以上指标，运营人员可以针对性地分析用户不活跃和退群率高等情况出现的原因。

- 游戏变现：如果说前面两个环节是为了得到活跃的用户，那么社群运营的最终目标是变现。游戏变现有两种量化方式：一是社群运营为游戏带来的活跃用户量，即游戏活跃转化率；二是社群运营为游戏带来的付费成果，即游戏付费转化率。为了全面评估社群运营的经济效益，最终需要引入社群的 ROI（社群用户带来的利润/运营投入的总成本）指标，综合衡量社群的投入产出效果。

- 社交传播：在社群运营中形成游戏内容的正向口碑，往往能激发用户自发传播游戏相关内容和信息，例如用户主动邀请好友参与某活动或者直接推荐好友购买游戏道具等。

8.6 小结

本章系统地讲解了游戏社区运营的核心过程。首先，通过对社区运营背景的介绍，引出社区的定义和社区内容的定义，再通过对社区运营价值的拆解，强调社区运营的重要性。其次，在介绍社区运营方案之前，对主流社区平台类型、特点和运营节奏进行了概括性的描述。再次，基于游戏运营的主流社区，从社区氛围建设、社区用户运营、社区内容运营和社区活动运营的 4 个核心过程阐述社区运营方案。最后，对社区运营的重要环节——社群运营进行单独阐述。

社区运营平台和运营方案非常多，其中针对社群的运营也更加个性化，因此单独一个章节无法概括其全部过程。但社区运营的核心目标和方法整体而言是类似的，所以读者在实际场景中可以根据核心目标和方法灵活定制更多的社区运营方案。

第 9 章
活动运营

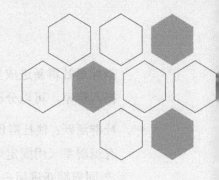

与渠道运营和社区运营相比，活动运营采取更为直接的方式，通过丰富的活动玩法和富有吸引力的奖励机制，有效地吸引新玩家、增强玩家黏性、提升玩家活跃度，并最终促进商业化收益。本章将从活动运营的背景中提炼出活动运营的核心目标——吸引新用户、提高用户留存率、提高用户活跃度以及促进用户付费。然后围绕这些核心目标，本章将深入探讨活动运营策略的构建。

9.1 活动运营背景

在不同游戏类型和场景下，游戏活动的玩法差异较大，但大部分活动的运营目标和常见类型都大同小异。所以下文主要从活动运营目标和常见活动类型两方面来阐述活动运营背景。

9.1.1 活动运营目标

从游戏发行的最终目标来看，活动运营的核心目标是吸引新用户（也称为拉新）、提高用户留存率（也称为留存）、提高用户活跃度（也称为活跃）和促进用户付费（也称为商业化）。

根据活动运营目标，活动运营可视为一个有计划、有节奏的过程：首先通过活动吸引玩家进入游戏；其次通过设置奖励让玩家可以持续登录和打开游戏；再次通过活动的设计让玩家可以在游戏内保持活跃，参与游戏的内容玩法；最后通过活动的设计来实现商业化。活动运营目标及其关键实现方案如图 9.1 所示。

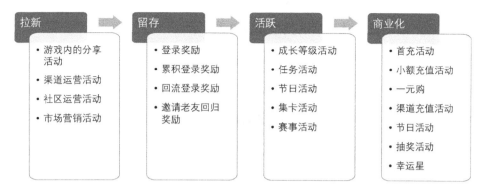

图 9.1 活动运营目标及其关键实现方案

- 拉新：为实现拉新目标，常见的活动设计有游戏内的分享活动和渠道活动。游戏内的分享活动主要包括邀请好友获得奖励和关键埋点分享获得奖励。渠道活动在此处是一个广义的概念，包括但不限于渠道运营活动、社区运营活动和市场营销活动等。

- 留存：为实现留存目标，活动应具有足够的吸引力，吸引用户持续登录和体验游戏。针对用户留存，常见的活动玩法有登录奖励、累积登录奖励、回流登录奖励、邀请老友回归奖励等。

- 活跃：留住用户不是活动运营的关键目标，促使其保持活跃才是核心运营目标。常见的活跃活动本质是伴随游戏角色的成长过程，引导角色游戏行为的运营策略。例如活动设计提升游戏角色等级、完成任务、定期参与游戏新玩法等。只有用户愿意深度活跃于游戏，才有可能进一步实现付费转化。

- 商业化：在多数情况下，前面三个运营目标是商业化目标的基础。当用户对游戏的情感投入累积到一定阶段时，用户很容易被商业化活动的福利吸引，进而愿意通过在游戏内消费获得更好的体验。同时，用户消费后也将更愿意深度参与游戏的玩法。此外，一些付费用户在游戏内展示宠物、装备、皮肤等商业化道具，或者在游戏外对游戏进行口碑传播，也可以进一步带动其他用户在游戏内消费。值得注意的是，运营人员还可以根据用户的不同付费能力，策划具有针对性的商业化活动，以满足具有不同付费能力用户的需求。

9.1.2 常见活动类型

从活动设计形式的维度划分，常见活动类型可以分为游戏内活动、游戏外渠道活动、品牌宣传活动、线下活动等。常见活动类型如图 9.2 所示。

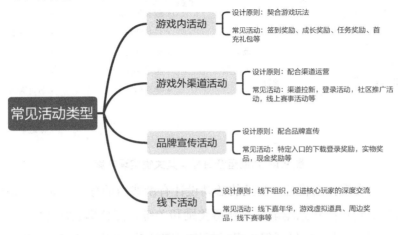

图 9.2　常见活动类型

- 游戏内活动：此类活动是游戏活动运营的核心组成部分，其本质是在游戏与玩家共同演进的过程中，针对玩家成长、内容消耗及游戏调优等环节所设计的一套激励体系，包括但不限于签到奖励、成长奖励、任务奖励、首充礼包、节日礼包、宝箱等。此外，不同类型游戏的生命周期和运营阶段不同，其游戏内活动的表现形式也有很大差异。

- 游戏外渠道活动：在进行渠道拉新时，通常需要依靠活动来吸引玩家下载和体验游戏。因此，此类活动设计要充分考虑不同渠道的特点，例如官方应用市场和第三方电子市场等应采用不同的拉新活动，或者根据不同社区的特色风格进行定制化推广。

- 品牌宣传活动：此类活动是常见的游戏外的市场营销推广活动，例如明星代言、KOL 宣传、品牌联动等。其推广效果大多依赖于代言人或品牌的粉丝效应，例如某明星代言的传奇游戏宣传语"是兄弟就来砍一刀"，同时会配合红包奖励、游戏内奖励等策略来吸引玩家下载和体验游戏。

- 线下活动：线下活动也是宣传和曝光游戏的一种方式，例如某些游戏举办的线下嘉年华活动。相比于线上活动，线下活动可以让玩家亲身参与到游戏的互动中，部分线下活动还会配有虚拟游戏券、游戏周边等奖品，能给玩家带来不一样的体验。

除了以上以活动设计形式为依据的分类方式，活动类型还可以根据其他因素进行划分。但是无论怎样分类，游戏活动中最核心的部分都是游戏内活动，这是引导用户游戏行为的关键。所以下文重点针对游戏内活动，介绍相应的活动策划方案。

9.2 活动策划方案

针对不同的活动运营目标，活动的策划方案有很大差异，但策划思路大体是相似的。例如策划活动时都需要注意活动基本要素，包括活动主题、活动规则和奖励说明等。所以在展开介绍活动运营方案之前，本节先介绍活动策划方案的通用逻辑和要素。

9.2.1 用户分级思考

活动策划的核心目标是服务用户。因此，首先应对用户群体进行细分，以便针对不同层级的用户策划相应的活动方案；其次，运营人员需要展开一定程度的用户心理研究，通过了解用户对活动的期望进一步完善活动策划方案。

1. 用户群体分类

不同的游戏业务场景下，用户群体的分类方式各有不同，但其基本逻辑大同小异。在本节中，从游戏玩法维度来看，基于用户的体验深度和技巧水平，将用户分为"大神玩家""高级玩家""中级玩家""普通玩家"和"入门玩家"；从付费维度来看，按消费金额由高到低将用户分为"大R玩家""中大R玩家""中R玩家""小R玩家"和"普通玩家"。用户群体分类如图9.3所示。

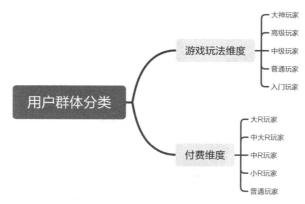

图9.3 用户群体分类

- 游戏玩法维度：大部分游戏活动的参与门槛都应该考虑中级玩家、普通玩家和入门玩家的参与能力。运营人员可以针对不同游戏水平的用户，设定相应的任务和奖励以满足不同玩家的需求，也可以考虑设置一些特殊的活动，来满足中级以上等特定玩家的需求。
- 付费维度：针对普通玩家，可以通过小额超高性价比的商业化活动吸引他们进行首次消费；针对小 R 玩家，可以策划周卡/月卡等定期小额商业化活动来培养其付费的行为习惯，从而使其进阶为中 R 玩家；对于中 R 玩家，可以通过数据分析，向其推荐高性价比和不同梯度的消费福利活动；对于大 R 玩家，则应推出快捷的大额充值通道、稀有道具和资源等。分类依据可以结合玩家在游戏的付费数据占比和金额来制定，例如有付费行为的用户中 80%的用户付费在 100 元以内，那么就可以设定付费 100 元及以下的用户为小 R 玩家。其他的分类规则也可依此逻辑进行设定。

2．用户心理研究

活动策划的核心原则在于以用户需求为导向，因此深入了解并满足用户的心理需求至关重要。用户心理研究的构成要素如图 9.4 所示。活动玩法、奖励、荣誉等细节设计应围绕这些要素展开，以满足玩家的心理需求。

图 9.4　用户心理研究的构成要素

9.2.2 活动策划思考

对用户群体进行分类后，运营人员需要思考一个合格、有效的活动应该具备什么特点。活动特点如图 9.5 所示。

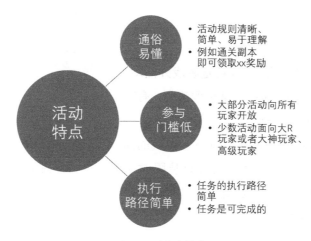

图 9.5 活动特点

- **通俗易懂**：顾名思义，即活动的描述，如活动规则、活动参与方式和奖励等要清晰、简单、易于理解。

- **参与门槛低**：通常情况下，活动的设计应确保大多数玩家能够参与其中。为了迎合不同玩家的需求，活动可以设定多个难度层次和相应的奖励体系。同时，运营人员也可以策划一些具有挑战性的活动任务，以满足大神玩家和高级玩家的需求。

- **执行路径简单**：执行路径简单并不意味着任务难度低，而是指任务的完成路径非常清晰和简单，并且任务是可完成的。

上述内容只是对一个合格、有效的活动的特点的概括，在实际策划活动的过程中，还需要考虑更多的细节，详细的活动策划要素可参考下文。

9.2.3 活动策划要素

作者在前文社区运营章节中单独介绍过社区活动，其中涉及的部分活动设计要素与游戏内活动的设计要素相似。但是社区专属的运营活动，如 UGC 活动等，与游戏内的活动在运营目标、推广资源和设计方案等细节方面存在很多差异。

为确保活动策划方案落地,所需考虑的活动策划要素如图 9.6 所示。

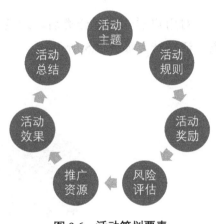

图 9.6 活动策划要素

1. 活动主题

无论是社区活动、游戏内活动,还是游戏外活动,活动主题的设计都差不多。其核心是标题清晰、有吸引力且能够激发用户点击的欲望。例如某休闲 MMORPG(大型多人在线角色扮演游戏)游戏的商业化活动标题是"衣橱新声|复古风格套装限时上架",向用户清晰展现了活动主题是复古时装上新,且明确了限时出售的条件。

2. 活动规则

活动规则是一个合格的活动必备的要素,任何一个活动都要有活动规则,用来告诉用户如何参与活动。制定活动规则的基本原则是用户参与门槛低,活动规则简单、易懂、具备趣味性。

以某 MOBA(多人在线战术竞技游戏)游戏的集卡活动为例,其活动规则是用户通过完成指定任务赢得英雄碎片,集齐一定数量碎片就可以免费兑换一个英雄。此活动的游戏内互动性很强,对玩家来说,平时要花钱买的英雄在活动期间可以通过做任务的方式免费获得,同时活动的参与门槛很低,所以用户参与活动的积极性比较高。若游戏类型不同或者运营目标不同,则活动的具体规则和内容也有很大差异,需要根据具体的场景来制定。

3. 活动奖励

如果说活动主题和规则是遵循特定的设计原则而制定的,那么活动奖励(如游戏虚拟券、道具、现金奖励、游戏周边等)则是活动难度、项目预算以及期望目标等因素相互博弈的结果。理想中的情况是奖励越丰富参与活动的人就越多,但现实情况下往往需要依据资源投入和产出的性价比来设置游戏奖励。所以活动奖励往往需要参考游戏实际运营情况、其他同类型游戏的活动奖励、玩家调研数据和历史活动的效果等因素来综合设置。

4. 风险评估

风险评估在活动运营中十分重要，尤其是用户量大的游戏更需要在活动更新前评估活动规则的风险，避免规则漏洞可能导致的游戏风险，例如用户利用规则漏洞刷金币或道具等。此外，在制定规则时要考虑极端情况，同时做好活动的健康预警机制。例如某卡牌游戏曾推出充值游戏元宝送高比例金币的活动，但金币存储单元的上限设置较低，导致某大 R 玩家进行大额充值后所获得的大量金币数值显示异常。

5. 推广资源

针对不同的活动目标，需要配备不同的推广资源。有些活动中会根据游戏运营节点，利用不同的推广活动营造氛围。例如上线期的拉新活动，通常可结合渠道推广活动、市场营销活动来造势，也可在社区中配合相关的社群活动来营造氛围，甚至举办线下活动以提升效果。当然，游戏内的社交分享功能也是拉新活动的重要资源。

6. 活动效果

活动的效果评估会针对不同的参与入口而采用不同的指标计算方法。评估活动效果通常参考活动参与率、参与人数和次数、奖励领取率、页面点击量、付费渗透率、付费人数和金额、用户的反馈数量等指标。衡量活动效果的方法通常有很多，例如可以通过对比活动前后的数据表现来评估其直接影响，也可以将当前活动与历史类似活动的效果进行比较，或者对比同一类型活动在不同时间节点上的效果差异。比如将今年国庆节活动的效果与去年国庆节活动的效果进行对比，就属于与历史类似活动比较的方法。

某游戏内活动前后的周收入对比示例如图 9.7 所示。通过付费数据明显可以看到活动前后每周收入的数据变化情况，在活动中期，收入达到了峰值，其值相比没有实施活动时提升了约 2.6 倍。

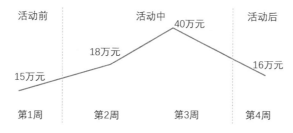

图 9.7　某游戏内活动前后的周收入对比示例

某游戏同类型活动参与人数的对比示例如图 9.8 所示，通过参与人数数据可以看出，活动 C 的效果最好。

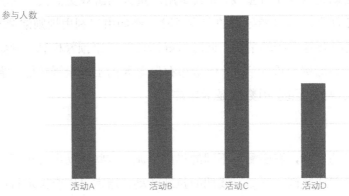

图 9.8　某游戏同类型活动参与人数的对比示例

7．活动总结

从活动的初步构想、需求策划案的编写、活动的开发和上线运营，到最终活动的实际效果评估，运营人员需要全面复盘整个活动过程中的优缺点。同时，运营人员不仅需要量化预期的活动效果指标，还需要对活动前、活动期间以及活动后的用户活跃度和充值流水等数据进行分析。当然，在总结过程中，运营人员也可以通过用户调研的方式来收集用户的反馈和建议，以更好地优化未来的活动。

在活动总结过程中，使用活动漏斗分析方法可以观察到活动潜在的结构性问题。活动漏斗分析示例如图 9.9 所示。从图中可以看出，该活动中的领取积分环节出现了严重问题。

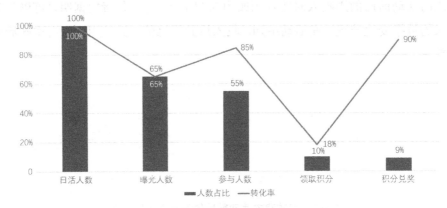

图 9.9　活动漏斗分析示例

在介绍了活动策划要素后，下文将基于活动运营的核心目标，分别展开介绍不同活动运营方案的详情及其实际案例。

9.3 拉新活动运营

拉新活动不仅存在于游戏的首发期，还会伴随游戏的生命周期持续性进行。拉新活动运营的主要方法是游戏外的渠道运营、社区运营、市场营销和游戏内的社交传播等。下文将重点介绍如何基于活动策划促进拉新方案的有效落地。

9.3.1 设计方案

拉新活动的设计方案可以从两个维度来制定。一是在游戏内通过社交传播的策略来达到获客的目的，例如邀请好友送福利等。从游戏内向游戏外进行信息分享传播是一种有效的拉新策略。二是在游戏外拉新，例如渠道推广、社区推广、市场营销推广等。拉新活动的设计方案如图 9.10 所示。

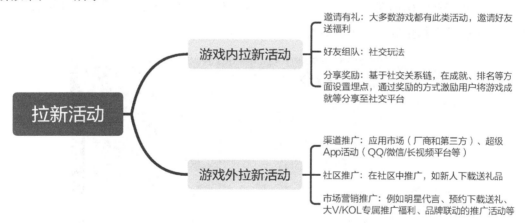

图 9.10　拉新活动的设计方案

下文通过实际案例介绍游戏内拉新活动和游戏外拉新活动的常见形式。

9.3.2 游戏内拉新活动

游戏内拉新活动的常见形式如图 9.11 所示。

图 9.11　游戏内拉新活动的常见形式

1. 邀请有礼活动

邀请有礼活动的设计原则是活动可以直接通过用户的邀请吸引更多的用户进入游戏。这是拉新活动中常用且直接的运营手段。由于邀请一定数量的好友进入游戏后，用户可以获得奖励，因此用户的参与度较高。相应的裂变活动是利用社交邀请拉新的典型方式，例如在某购物软件的砍价活动中，用户邀请的好友数量越多，获得大奖的可能性就越大。

邀请有礼活动案例如图 9.12 所示。该活动的基本规则是，用户成功邀请 1 名新用户，就可以得到 1 张黄金扭蛋券，使用该券有机会获得 S 英雄。

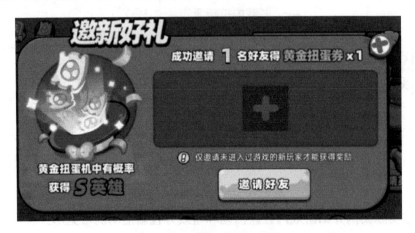

图 9.12　邀请有礼活动案例

2. 好友组队活动

好友组队活动的设计原则是利用游戏内的邀请功能将游戏分享至社交平台，邀请好友一起游戏。用户通过此类活动不仅可以获得额外的游戏福利，还可以加强游戏社交行为。但此类活动会受到游戏玩法的限制，通常适用于 MOBA（多人在线战术竞技游戏）、FPS（第一人称射击游戏）等竞技类游戏。

好友组队活动案例如图 9.13 所示。该活动的基本规则是，用户通过微信邀请好友一起战斗，首局可以获得额外的奖励。

图 9.13　好友组队活动案例

3．分享奖励活动

分享奖励活动的设计原则是通过好友关系链传播游戏口碑，从而吸引外部用户下载游戏。活动方式是将游戏特定内容（比如成就、排名等）分享至社交平台即可获得奖励。通常运营人员需要对分享的文案和素材进行美化设计，以促进游戏的传播。

分享奖励活动案例如图 9.14 所示。该活动的基本规则是，用户将游戏内图片分享给社交好友或分享到朋友圈等，可以得到分享奖励。此类活动满足用户炫耀心理的同时能促进其游戏社交行为等。

图 9.14　分享奖励活动案例

9.3.3 游戏外拉新活动

游戏外拉新活动的常见形式如图 9.15 所示。

图 9.15 游戏外拉新活动的常见形式

1. 渠道推广活动

渠道推广活动的设计原则是通过游戏外设计活动的方式来配合渠道推广。例如应用市场/商店等渠道为了配合热门节点（不限于节日）或游戏的新版本内容，更新渠道推广中的游戏素材（包括游戏 logo、主视觉海报图、CG 视频等内容），配合游戏营造氛围并起到推广或传播的作用，可在一定程度上唤醒沉默用户并提升应用市场/商店等渠道游戏的下载转化率。

两个在应用市场下载游戏的奖励案例如图 9.16 所示，可以看出，游戏新用户只要在应用市场下载游戏就能获得丰富的游戏奖励。

图 9.16 两个在应用市场下载游戏的奖励案例

2. 社区推广活动

社区推广活动的设计原则是借助社区内部活动来进行游戏拉新，例如在游戏的官方社区推出新人下载奖励礼包。社区推广活动的目标一般是通过某种方式呈现给用户时，用户会被丰富的活动奖励所吸引，进而下载并体验游戏。

某游戏的官方社区推出的新人下载大礼包案例如图 9.17 所示，可以看出，用户只要通过官方社区的入口下载游戏，就可以获得丰富的新人奖励。

图 9.17　某游戏的官方社区推出的新人下载大礼包案例

3. 市场营销推广活动

市场营销推广活动的设计原则是依赖于市场营销推广展开活动，包括但不限于游戏品牌的氛围营销、IP 联动、品牌联名等。例如游戏 IP 和品牌联名，不仅可以扩大游戏的知名度，吸引外围玩家进入游戏，而且能实现游戏与联动品牌的口碑双赢。

品牌联名活动案例如图 9.18 所示。通过参与品牌联名活动，用户不仅可以享受到游戏的福利，还能享受到联名品牌的福利。

图 9.18　品牌联名活动案例

9.4 留存活动运营

当通过各种拉新活动找到可能感兴趣的用户后,活动运营的目标就会转为留住这些用户,那么留存活动运营就是为达成这一目标而采取的有效且简单的策略,例如在游戏内签到领福利。

9.4.1 设计方案

留存活动设计方案如图 9.19 所示。留存活动可以分为拉留存活动和拉回流活动。拉留存活动的核心目标是留住用户,通常通过登录签到活动、累积在线活动、社交玩法活动等来培养用户持续登录游戏的习惯,并引导其积极参与一些游戏内的玩法;拉回流活动的核心目标是促使流失用户回归并留存,常见的活动有回归邀请活动、回归登录活动、回归累积签到活动等。

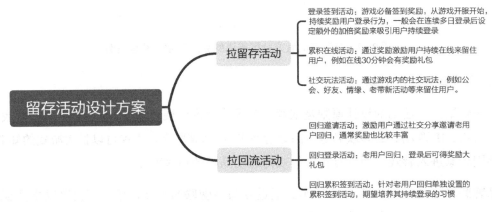

图 9.19 留存活动设计方案

下文分别围绕拉留存活动和拉回流活动的设计原则和案例,来介绍留存活动运营的细节。

9.4.2 拉留存活动

拉留存活动最核心、最基础的目标是引导玩家持续登录游戏,并通过奖励来吸引其参与游戏的核心玩法。根据不同的游戏类型和场景,可以设计不同的拉留存活动,常见的 3 种拉留存活动类型如图 9.20 所示。

图 9.20 常见的拉留存活动类型

1. 登录签到活动

登录签到活动的设计原则是保证玩家进入游戏并进行登录签到后可以获得游戏福利。根据签到时间，登录签到活动可以分为每日签到、连续签到（3日、7日等）、累积签到、特定节点（节日、开服、周年庆等）的登录签到等。

- 每日签到：玩家每天登录游戏即可获得奖励，即使一日内重复登录也只能领取一次。
- 连续签到：要求玩家连续无间断签到，一般会在连续多日签到的最后一日设置高额奖励，吸引玩家持续登录游戏，若有间断可以在一定时间内通过指定方式补签。
- 累积签到：玩家累积登录签到一定天数后即可领取相应奖励，签到日期可以间断，一般累积登录的时间越长，奖励就越丰厚。

某 MMOPRG 游戏的 7 日连续签到活动案例如图 9.21 所示。在此活动中，每日签到的奖励有一定差别，而且随着连续签到次数的增加，奖励也愈加丰富，在某些特定日期，签到奖励会加倍。

图 9.21 某 MMOPRG 游戏的 7 日连续签到活动案例

2. 累积在线活动

累积在线活动的设计原则是在限定的时间内记录玩家在线时长并设置相应奖励。玩家在指定活动期间，在线达到一定时长即可获得相应的奖励。这种活动方式可以有效地留住玩家，同时也提升了游戏的数据表现。

某 RPG 游戏的累积在线活动案例如图 9.22 所示。累积奖励首先是每日奖励，当每日在线时长分别达到 30、60、90、120 分钟时，玩家可以领取相应的奖励，当累积在线时长达 120 分钟后，当日奖励领取完成。累积奖励其次是次数奖励，即按照游戏在线完成天数计算，每天记一次（每天累积超过 120 分钟算一次），连续达成 5、10、15、20 次时，玩家就可以获得更丰富的奖励。

图 9.22 某 RPG 游戏的累积在线活动案例

3. 社交玩法活动

社交玩法活动的设计原则是通过游戏内的社交关系，例如公会、好友、情缘等，使玩家长时间地留在游戏中，从而拉长游戏用户的游戏生命周期。一般来说，社交玩法活动常出现在 MMORPG、SLG 等强社交类游戏中。有的游戏运营人员通过设计老带新的社交玩法活动，可以让新用户或回归用户在游戏中快速融入和成长，从而降低用户流失的概率。

某游戏的老带新活动案例如图 9.23 所示。新用户选择某个老用户为教练，两人一起参与游戏，可以获得更多的经验值、道具或金币等奖励。

图 9.23 某游戏的老带新活动案例

9.4.3 拉回流活动

拉回流活动的设计原则是使流失用户重新登录游戏时可以获得流失用户专属的奖励，其目的是通过专属奖励召回玩家，吸引其重新体验游戏。此外，拉回流活动也会配合签到或者任务活动，例如回归登录活动、累积登录活动等，来培养玩家定期登录游戏的习惯，避免其再次流失。

拉回流活动的常见类型如图 9.24 所示。

图 9.24 拉回流活动的常见类型

某 MMORPG 游戏的拉回流活动设计思路如图 9.25 所示。运营人员首先通过游戏内和游戏外的信息传递召回流失用户；其次通过开展一系列关怀活动，减少回归用户的体验成本，让其能够留下来；最后针对这部分留下来的回流用户，继续激励其活跃并帮助其快速成长，同时配合回流玩家专属的商业化礼包，让其转化为活跃和付费用户。

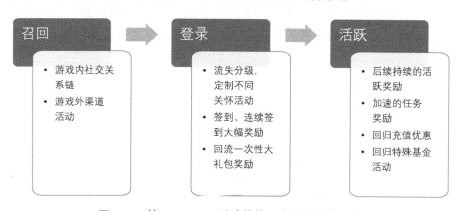

图 9.25 某 MMORPG 游戏的拉回流活动设计思路

1. 回归邀请活动

回归邀请活动的设计原则是促进游戏内用户分享活动页面到游戏外社交平台,邀请流失用户回归游戏。回归邀请活动给邀请者提供丰富的奖励,从而激励游戏内用户借助庞大的社交关系网唤醒流失用户。通过这种方式,可以精准地得到回流的自然用户流量。

回归邀请活动案例如图 9.26 所示。该活动设置了丰富的奖励来激励邀请者通过社交关系唤醒流失用户,而且设计了一系列的后续奖励来鼓励邀请者带动回归老友的游戏行为。

图 9.26　回归邀请活动案例

2. 回归登录活动

回归登录活动的设计原则是让流失用户重新登录游戏时获得一次性的丰厚奖励。不同游戏的商业化数值设定和策略不同,金币等奖励的内容和数量也不同。除了金币,奖励内容通常还有道具、装备等。此类活动不仅会设置富有吸引力的奖励,还会准备成长类消耗道具,以激励回流用户继续留在游戏。

某游戏的回归登录活动案例如图 9.27 所示。从奖励内容可以看到,回归用户的登录奖励非常丰富。这种方式是游戏运营人员召回流失用户,引导其重新体验游戏的常用方式。

图 9.27　某游戏的回归登录活动案例

3. 回归累积签到活动

回归累积签到活动的设计原则是利用累积奖励吸引回归用户持续登录并留在游戏中。此方案会针对性地设计回归用户专属的累积签到活动，与上文提到的拉留存活动中的登录签到活动类似。

某游戏回归累积签到活动案例如图 9.28 所示。通常回归累积签到的奖励相对比较丰厚。此案例中，游戏设置了连续 20 天的签到活动奖励，重新培养用户回归游戏的习惯。

图 9.28　某游戏回归累积签到活动案例

除了吸引回归用户留在游戏中，运营人员也会针对回归用户设计一些促进活跃度的专属任务活动，引导回归用户重新熟悉游戏并持续活跃起来。某 MOBA 游戏的专属回归任务活动案例如图 9.29 所示。关于更多活跃活动的设计会在 9.5 节中详细介绍。

图 9.29　某 MOBA 游戏的专属回归任务活动案例

9.5 活跃活动运营

拉新活动是为了获得用户，留存活动是为了留住用户，那么活跃活动的目的就是提升用户在游戏中的参与度，也就是用户的活跃度。用户的活跃度也是游戏生命周期中非常核心的指标之一。活跃玩家的数量直接决定了游戏的发展前景和生命周期，所以活跃活动的设计丰富多样。

9.5.1 设计方案

活跃活动的目标是促进玩家活跃度，使其深度参与游戏的玩法。活跃活动可以是成长等级活动、常规任务活动，也可以是节日主题活动等，并不局限于某种特定的形式。

活跃活动设计方案如图 9.30 所示。

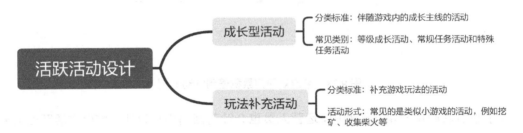

图 9.30 活跃活动设计方案

9.5.2 成长型活动

成长型活动是伴随着玩家在游戏内的成长主线而设计的活动，例如游戏角色等级成长可获得对应的奖励，完成一定的任务也可获得相应的奖励。成长型活动可以分为等级成长活动、常规任务活动和特殊任务活动。成长型活动的常见类型如图 9.31 所示。

图 9.31 成长型活动的常见类型

1．等级成长活动

等级成长活动的设计原则是引导用户持续在游戏内升级成长。一般的活动规则是玩家达到一定等级后，可以领取相应的游戏奖励，每个特定等级的奖励只能领取一次。从游戏策划的角度来看，设计等级成长和对应的奖励是一个很复杂的数学计算过程。从运营的角度来看，等级成长活动可以简单理解为每到一定等级就使用相应的奖励来吸引玩家继续游戏的策略。

某游戏等级成长活动案例如图 9.32 所示。该活动通过在角色不同等级发放奖励或赋予特权的方式来引导玩家的成长路径。

图 9.32　某游戏等级成长活动案例

2. 常规任务活动

常规任务活动的设计原则是保证玩家在限定周期内完成任务后即可获得奖励。此类活动是游戏促进玩家活跃度的常用方法。常规任务的一般流程如下：首先，设置一定的活动周期或者参与条件，例如按照活动周期任务可以分为日常任务、周常任务、赛季任务，按照参与条件任务可以分为成就任务、回归任务、新手任务等；其次，设置任务形式，通常与游戏体验内容相关，包括但不限于首胜、通关、对战、收集等内容，并且有些任务会有达成的次数限制，例如通关 10 次等；最后，设置任务奖励，一般会在单次奖励的基础上添加附加奖励，即在达成所有任务后使用累积的积分可以获得更好的奖励。此类活动通过任务、挑战和奖励等要素使玩家获得成就感，从而激励玩家在游戏内保持活跃。

常规任务活动案例如图 9.33 所示。该活动包括日常任务、周常任务和成就任务等，每个任务都有明确的参与次数、参与条件和对应奖励。

第 9 章 活动运营

图 9.33 常规任务活动案例

3. 特殊任务活动

除了常规任务活动，游戏还会实施一些特殊任务活动，例如通行证活动、集卡活动等。不同类型的游戏中，特殊任务活动也有不同的个性化设计。

某 MOBA 游戏和某社交平台联合设计的集卡活动案例如图 9.34 所示。在该活动中，玩家通过完成指定的任务或通过他人赠送来收集卡牌，集齐 9 张不同的英雄卡牌可以兑换奖励。这种玩法可以有效地带动玩家的积极性，还可以基于社交关系链激励用户通过分享活动赠送或索要卡牌的方式传播扩散活动内容，从而拉动更大范围的用户参与游戏。

图 9.34 某 MOBA 游戏和某社交平台联合设计的集卡活动案例

9.5.3 玩法补充活动

玩法补充活动是对游戏成长型活动的补充，通过在游戏内添加一些类似小游戏玩法的活动来实现。玩家参与玩法补充活动（一般会有参与次数限制），可以获得奖励。此类活动作为游戏当前版本内容的玩法补充，可以填补一定的游戏内容空白，同时也可以增加游戏的趣味性，有助于提升玩家在游戏内的活跃度。

在小游戏的设置上，应注意玩法要简单有趣，带给用户新鲜感。作为日常玩法的补充内容，此类活动在操作上要尽量避免过于复杂，游戏难度不宜太大，不要给玩家增加过多负担。

某休闲类游戏的玩法补充活动案例如图 9.35 所示。该活动是一类简单的探宝活动，休闲且容易通关。用户通过参与活动可以获得游戏奖励，从而补充游戏内的消耗品。

图 9.35　某休闲类游戏的玩法补充活动案例

某 MMORPG 游戏的玩法补充活动案例如图 9.36 所示。该活动是一个规则非常简单且参与门槛很低的小游戏，用户通过收集柴火就可以兑换相应的游戏奖励。这种休闲的小游戏不仅给用户增加了游戏乐趣，而且让用户获得了领取奖励的满足感，还减轻了用户在游戏内持续战斗的疲惫感。

图 9.36　某 MMORPG 游戏的玩法补充活动案例

9.6 商业化活动运营

商业化活动关系到游戏运营的核心指标之一，即付费指标，这也是大部分游戏最终期望提升的指标。如果说活跃活动的设计很个性化，不局限于某种特定形式，那么商业化活动则更灵活，包括一切以促进充值和消费为目标而展开的运营活动。在商业化活动中，除了单纯的充值类活动，部分商业化活动也有促进玩家活跃度的作用，即兼具商业化活动和活跃活动的特点。

在当前各种游戏类型下，各种各样的商业化活动层出不穷，甚至很多游戏已经做到了"千人千面"的充值活动设计。所以下文会从相对通用的角度来介绍常见的商业化活动设计原则和案例，从而阐述商业化活动运营的细节。

9.6.1 商业化活动背景

商业化活动最早出现在 PC 网游时代，从最初的计时付费点卡制发展到 B2P（buy to play）的一次性买断制，而后发展到免费游戏时代的 F2P（free to play）的道具付费制。随着手游的发展、移动便捷支付的普及和玩家需求的增多，游戏消费场景不断多样化，延伸出抽奖、礼盒、限时促销、返利等更多付费方式来满足不同玩家需求。

商业化活动的形式一直在演进，例如新型的 Battle Pass（战斗通行证）模式兼顾了促进付费和游戏活跃度的双重目标。商业化活动内容也基于用户心理和数据分析在不断地进化。

以手游为例，其商业化活动进化的历程大致可以分为 3 个核心阶段，如图 9.37 所示。

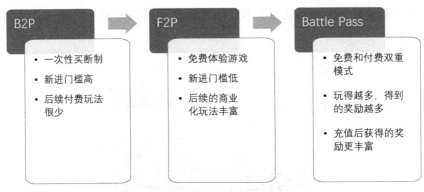

图 9.37 手游商业化活动进化的历程

- **B2P**：B2P 是早期的买断制商业化模式，即用户一次性购买游戏之后即可永久免费玩该游戏。在游戏内也没有更多的营销活动，游戏商业化收入主要是靠新进用户增加。对用户而言，买断制商业化模式用户的前期付费较高，但从长期体验游戏的角度来看，性价比很高。

- **F2P**：F2P 是当下国内主流的手游商业化模式，即游戏可以免费体验，游戏商靠游戏内付费内容获得收入。F2P 颠覆了之前游戏的商业化模式，也影响了游戏内容本身的设计形式。对用户而言，游戏的进入门槛很低，不花钱也可以随便玩，但随着游戏行为的深入，普通用户和付费用户的游戏体验会存在差距。同时，为了满足不同层级用户的游戏体验需求，F2P 模式下游戏的商业化活动形式非常丰富，在不同类型的游戏中也不断进化出新的活动形式。

- **Battle Pass**：Battle Pass 本质是 F2P 游戏的一种新型玩法，是将付费系统与游戏核心玩法相结合的一种新型的商业化设计模式。这种商业化模式在兼顾商业化目标的同时也达成了游戏促活的目标，而且在一定程度上实现了付费和活跃度的正向促进，即用户免费玩得越多，在游戏内得到的奖励越多，且充值后玩得越多，在游戏内得到的奖励也越多。Battle Pass 模式下，玩家可以免费参与游戏，付费门槛较低，在一定程度上满足了游戏中大部分玩家的需求，目前 60%以上的游戏都支持此模式，而且这一比例还在逐渐增加。

9.6.2 设计方案

商业化活动伴随游戏玩法在不断进化，且不同类型游戏会有不同的商业化活动方案，所以实际场景中商业化活动不局限于某种具体的活动形式，而需要结合游戏产品特点来设计。常见的商业化活动设计方案如图 9.38 所示。

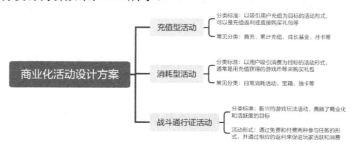

图 9.38 常见的商业化活动设计方案

9.6.3 充值型活动

充值型活动的定义是鼓励或引导用户进行实际支付以购买游戏币（钻石、元宝、点券等）或礼包（道具、时装、皮肤等）的优惠活动。常见充值型活动的分类如图 9.39 所示。

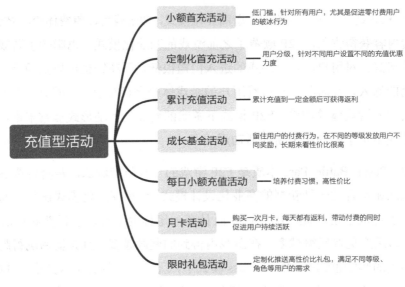

图 9.39 常见充值型活动的分类

1．小额首充活动

小额首充活动的设计原则是使用户首次进行游戏充值时即可获得高性价比的游戏奖励。对于充值金额的设定，有的游戏采用固定金额，例如首充 6 元礼包，也有的游戏允许充值任意金额即可获得高性价比的奖励。在用户付费动机中，价格是一个敏感因素，很多"零付费"用户往往会被低价吸引而进行充值，从而转化为付费用户。首充活动正是利用用户的这种心理，通过低价策略将更多的零付费用户转化为首次付费用户，进而增加其后续二次付费的可能性。

小额首充活动是大部分手游都会设计的普适性商业化活动。首充固定金额的活动案例如图 9.40 所示。

除了首充固定金额的活动，部分游戏还有首充任意金额的活动。首充任意金额的活动案例如图 9.41 所示。

图 9.40 首充固定金额的活动案例

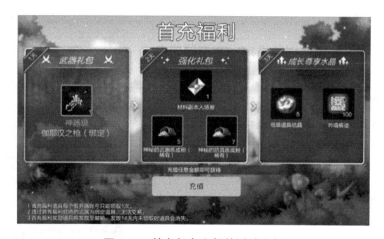

图 9.41 首充任意金额的活动案例

2. 定制化首充活动

定制化首充活动是首充活动的一种特殊形式。游戏中较常见的是小额首充的高性价比活动，其覆盖的人群主要是付费能力较弱的普通玩家。但有的游戏会推出个性化的定制首充活动，这些活动不仅可以满足普通玩家的需求，还针对小 R 玩家、中 R 玩家、中大 R 玩家和大 R 玩家等提供相应的一次性首充福利，以满足不同付费层次玩家的充值需求。

某游戏首充双倍活动案例，如图 9.42 所示。其首充双倍奖励分为 6 个等级，覆盖了不同付费玩家的充值需求。

图 9.42　某游戏首充双倍活动案例

3. 累计充值活动

累计充值活动的设计原则是设定多个不同的金额累计目标。当用户累计充值到一定的额度，即可领取相应的奖励。累计充值的金额越高，用户可以获得的奖励价值就越大。累计充值活动的优势在于不仅可以提升付费数据，还能拉长用户的游戏时长。

某游戏累计充值活动案例如图 9.43 所示。当充值金额达到不同的等级时，用户可以免费获得相应的充值奖励。

4. 成长基金活动

成长基金活动的设计原则是在玩家一次性充值

图 9.43　某游戏累计充值活动案例

一定金额后，根据玩家在游戏中的成长等级，返还其高于充值金额的游戏货币。此类活动的目标用户通常为新手或低等级玩家，这些玩家的付费动机是期待通过此类活动获得高性价比的长期收益。成长基金活动的优势在于不仅可以快速实现商业变现，而且能促进玩家在游戏中的长期留存和活跃度提升。

某游戏的成长基金活动案例如图 9.44 所示。玩家在参与此活动后，当等级达到 15、30、40、50 级等，便可获得一定的返利。从长期收益来看，该活动的性价比非常高。

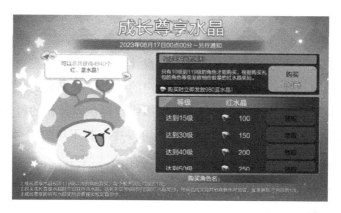

图 9.44 某游戏的成长基金活动案例

5．每日小额充值活动

每日小额充值活动的设计原则是通过设置每天用户可购买固定的小额高性价比礼包，且每个账号限购一次的活动形式来培养玩家付费的习惯。在不同游戏中，此类活动的包装形式也略有不同，比如经典的一元购、每日礼包等。此类活动主要以低付费活跃玩家为目标用户，利用低价吸引玩家，引导小 R 玩家养成持续付费的习惯。有些游戏为了同时提高用户活跃度，在礼包购买条件上会设置一定的门槛。

某游戏每日小额充值活动案例如图 9.45 所示。该活动要求玩家在线时长达到一定目标值后才能购买小额礼包。因为其性价比很高，通常使玩家的参与感比较强，所以游戏在获得商业化收入的同时，又可以促进玩家的在线活跃度。

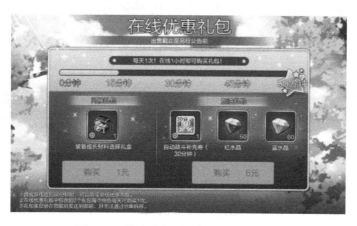

图 9.45 某游戏每日小额充值活动案例

6. 月卡活动

游戏月卡活动的设计思路源于会员制度，其设计原则是用户在游戏内购买月卡，可以享受整月的游戏优惠内容。月卡的内容可以根据用户的付费层级来制定，并设置不同等级的价格和优惠。所以月卡的优势在于可以为游戏各层级用户提供差异化的付费体验，尤其是针对新用户，在以较低门槛提供游戏体验的同时，还可以提高新用户的留存率。

对于长期认可游戏内容的用户，月卡活动的吸引力在于其能够提供延迟满足感。所以月卡的内容往往需要包含保底资源和持续的回报奖励，用高性价比内容激励用户养成持续付费的习惯，并提升其游戏体验。

随着手游的不断发展，月卡的形式也呈现多样化，有充值型月卡、特权型月卡、混合型月卡，以及衍生的季卡、年卡等。下文以充值型月卡和特权型月卡为例，阐述月卡活动内容。

充值型月卡活动案例如图 9.46 所示。通过设定不同充值等级的月卡活动，满足不同付费等级用户的需求，并在活动页面明确展示用户未来的收益情况。例如一款定价为 30 元的月卡，承诺用户在接下来的一个月内可以获得价值 90 元的福利。

图 9.46　充值型月卡活动案例

特权型月卡与充值型月卡的主要区别在于前者侧重于为用户提供一定的特权。某游戏特权型月卡活动案例如图 9.47 所示。通过购买特权型月卡，用户除了可以获得基础月卡奖励，还可以获得专属的外观、特定的礼包、游戏战斗中的特殊加成等奖励。

图 9.47 某游戏特权型月卡活动案例

7. 限时礼包活动

限时礼包活动的设计原则是将游戏内特定的商品组合成高性价比的礼包,并通过商城首页展示或者弹窗推送的方式呈现给用户,用户需要在限定的时间内购买。此类活动旨在利用玩家对稀缺性优惠的追求心理来吸引用户充值和消费。当然,有的限时礼包活动是在玩家满足特定条件后才会触发的定制型活动。系统会根据用户当前的游戏行为及数据来推测其可能存在的对某些材料、装扮、金币等方面的需求,然后以高性价比礼包方式推荐给用户购买。不同需求的用户看到的活动内容可能会不一样,这样的个性化推荐能够满足不同层级用户的付费需求。

某游戏的限时礼包活动案例如图 9.48 所示。用户花费 99 元即可得到往常需花费更多才能购买的装饰礼包,以满足当前等级和游戏内玩法的需求。

图 9.48 某游戏的限时礼包活动案例

9.6.4 消耗型活动

消耗型活动的定义是通过各种策略鼓励用户用充值得到的游戏币（元宝、金币、点券等）来购买游戏内礼包（道具、服装、皮肤等）或其他资源的活动。同充值型活动类似，不同类型游戏的消耗型活动形式也千差万别。常见消耗型活动的类型如图9.49所示。

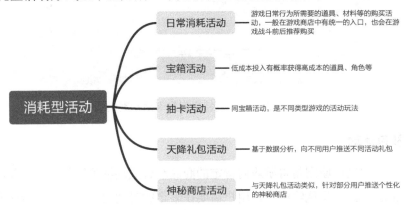

图 9.49 常见消耗型活动的类型

1. 日常消耗活动

日常消耗活动的设计原则是引导用户通过消耗游戏币，购买日常游戏所需的道具、装备、时装、宠物、材料等商品。通常游戏都会有游戏商店的入口，其商店本身是一个载体，除了承载用户日常所需的各种各样的商品，还提供各种个性化定制活动的入口。

某游戏日常消耗活动案例如图9.50所示。日常游戏行为所需要的道具都可以在游戏商城中快速购买。

图 9.50 某游戏日常消耗活动案例

2. 宝箱活动

宝箱活动的设计原则是用户消耗开箱材料后基于一定的概率机制获得游戏奖励。此类活动一般都会设置保底机制，即用户每次抽奖后可以获得积分（例如幸运值），以此鼓励用户积极参与。积分或幸运值可以累积，当累积到一定数值时，用户可以百分之百获得大奖。

此类活动涉及一定的机会成本，付费用户往往希望通过较小的投入获得较大的回报。通常用户投入的成本越高，获得大奖的概率也会越高。需要特别注意的是，设计此类活动时，所有奖励的概率信息、参与规则和奖品价格都必须进行明确的说明和公示。

某游戏的宝箱活动案例如图 9.51 所示。通过低成本的投入，用户就有可能通过开宝箱获得高成本的道具。此类活动也是付费用户比较喜欢的一种活动。

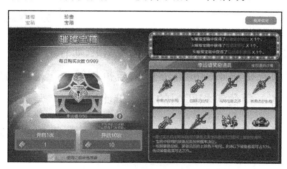

图 9.51　某游戏的宝箱活动案例

3. 抽卡活动

抽卡活动的设计原则与宝箱活动类似，尤其在卡牌游戏中比较常见。某游戏的抽卡活动案例如图 9.52 所示。通过低成本的投入，用户有机会获得价值不菲的限定五星角色卡。

图 9.52　某游戏的抽卡活动案例

4. 天降礼包活动

天降礼包活动的设计原则是针对不同的用户，推送不同的礼包或者优惠折扣，而且这些礼包或者优惠折扣通常具有时间限制，过期未购买的优惠内容会失效。此类活动是基于数据分析的精细化运营方案，旨在根据目标用户的需求来定制化推送商品信息。天降礼包与前文所述的充值型限时礼包类似，不过天降礼包在此处被定义为消耗型活动。

某游戏的天降礼包活动案例如图9.53所示。该案例展示了基于用户画像精准推送的礼包。

图 9.53　某游戏的天降礼包活动案例

5. 神秘商店活动

神秘商店活动的设计原则与传统游戏商店的设计原则有所不同。神秘商店基于数据分析提供精准推荐，为不同用户提供不同的商品优惠与折扣等。在神秘商店中，用户可以快速购买到与其当前等级、装备、角色等相匹配的高性价比商品。

某游戏的神秘商店活动案例如图9.54所示。可以看出，神秘商店为不同的玩家提供不同的专属折扣。

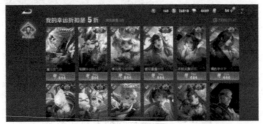

图 9.54　某游戏的神秘商店活动案例

9.6.5 战斗通行证活动

前文所述的商业化活动背景中提到,战斗通行证作为一种结合了活跃活动和商业化付费活动的活动模式,是目前很多手游中的经典活动。

战斗通行证活动的设计原则是用户在一定周期内完成一定任务后可获得奖励。此类活动升级了活动奖励模式,允许用户免费参与或付费参与游戏。付费参与的用户可以获得更丰富的奖励,例如商业化道具奖励。因此,此类活动既可以提高用户游戏参与度和在线时长,又能有效促进商业化付费。

战斗通行证活动在任务设计上应减少难度较高或涉及频繁社交及商业化的任务。其活动设计应该聚焦于游戏的核心玩法,同时还可以设计一些自定义功能,例如任务刷新重置机制,允许用户使用一定的游戏币来重置不喜欢的任务,从而在保证个性化选择的同时,又可以增加付费点。任务的奖励应避免使用过时资源或设置过长的获取周期,最好确保用户在每一级都能获得奖励,并且这些奖励应具有足够的吸引力,以提高用户的参与度。同时,特权的定价不宜过高,应参考竞品游戏的定价区间和奖励内容,并结合目标用户的付费能力来综合制定。最后,在活动的包装上要避免主次不分,通过定期更新主题、音效、视觉效果等,突出展示付费奖励和特权内容,从而提升免费用户的付费转化率。

某休闲 MMORPG 手游的战斗通行证活动案例如图 9.55 所示。为了提升用户活跃度,该活动提供了免费参与的选项,即图中的普通战令,用户通关后将获得相应的普通奖励。如果用户选择付费参与进阶战令活动,那么他们获得的奖励将更加丰富,价值也更高。

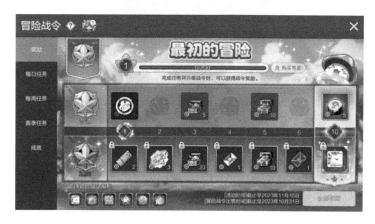

图 9.55 某休闲 MMORPG 手游的战斗通行证活动案例

9.7 节点主题活动运营

节点主题活动通常是在特定的节假日、游戏周年庆和游戏大版本发布等重要节点设计的游戏活动，其核心目标也是实现拉新、留存、促活和付费转化。通常节点主题活动一般以组合活动的形式展开，其设计形式根据节点主题的特点来定制，包含但不限于前文提到的主要活动形式，如登录签到、在线奖励、任务奖励、充值奖励和购买优惠礼包等。

节点主题活动与日常活动相比，其目标是相同的，但在设计形式、风格和奖励方面会有差异，需要特别注意以下 3 点。

- 奖励要丰厚：节点主题活动的奖励应比日常活动的奖励更具吸引力，烘托出特殊时期放送福利的氛围感，使玩家更愿意参与活动。

- 游戏参与门槛要低：大部分节点主题活动的参与条件应简单、易达到，且覆盖全部玩家，让玩家有全民狂欢的参与感。

- 活动的难度要小，规则要简单：节点主题活动应尽量不影响玩家的日常游戏任务。

节点主题活动常见分类如图 9.56 所示。

图 9.56 节点主题活动常见分类

9.7.1 新版本活动

新版本活动的设计原则是配合游戏版本的更新，尤其是游戏大版本内容的更新而展开的。

某 MMOPRG 游戏的新角色上线活动案例如图 9.57 所示。为了引导用户快速培养新角色，新版本游戏推出了新角色成长活动，其奖励也以有助于新角色成长的经验值券、专属装备和成长材料为主。

图 9.57　某 MMOPRG 游戏的新角色上线活动案例

9.7.2　周年庆活动

周年庆活动是游戏中典型的节点主题活动。通常，游戏在周年庆活动中会推出全年福利最丰富的系列组合活动，原因在于此时也是游戏实现拉新、留存、活跃和商业化目标的最佳时期。通常运营团队会提前在各个渠道进行预热，营造周年庆氛围，同时游戏内也会配合开展系列运营活动。

某 MOBA 手游的周年庆活动案例如图 9.58 所示。游戏内推出了各种各样的活动，包括任务奖励、充值返利、礼包购买优惠以及一些社交活动等。

图 9.58　某 MOBA 手游的周年庆活动案例

9.7.3 节日活动

节日活动的设计原则是在特殊节日期间设计相应的活动。这是游戏传统上提高活跃度和游戏收入的方式之一。

在公共节假日期间，用户往往有更多空闲的时间来体验游戏，同时也有更强的娱乐需求，所以节日活动主要会配合节日主题，营造节日氛围并推出一系列相关活动。某游戏的万圣节活动案例如图 9.59 所示，该节日活动就设计了丰富的活跃活动和商业化活动。

图 9.59　某游戏的万圣节活动案例

9.8　小结

本章系统性地阐述了活动运营的相关概念。首先讲解了活动运营背景，从背景引出活动运营目标和常见活动类型；其次从运营的视角阐述了活动通用的策划方案；再次针对活动的核心目标，即拉新、留存、活跃和付费转化，将活动分为拉新活动、留存活动、活跃活动和商业化活动，并分别阐述其设计方案、常见活动类型及其设计原则和案例；最后介绍游戏中常见的传统活动，即节点主题活动，阐述如何在特定的时间节点（例如周年、节假日等）通过节点主题活动的运营来进一步提高游戏的活跃度和收益。

第 5 部分

游戏出海

第 10 章 海外发行与运营

第 10 章
海外发行与运营

在绪论中提到，随着移动互联网的发展，在国内流量红利放缓、政策导向支持，以及海外市场机会增多等因素的影响下，出海已经成为国内游戏行业发展的主流趋势。

因海外市场的合规政策、发行渠道、社区平台、用户偏好、游戏消费习惯和语言等方面与国内市场存在显著差异，所以海外发行必须针对不同海外区域的特点进行差异化运营。但从本质上来说，海外发行与运营的方案与国内整体运营的方案有许多相似之处，只在很多方面需要进行"海外化适配"。

单纯从海外发行与运营的视角来看整体运营方案，单独一个章节无法阐述所有的核心内容，所以笔者后续会考虑针对海外发行与运营的更多深入内容，单独出一本详尽的图书。本章内容主要是对海外发行与运营的整体概括，旨在为读者构建一个整体的知识框架。

10.1 海外市场现状

关于海外市场的整体概况，下文主要从市场规模、区域划分和用户偏好三个方面来介绍。

10.1.1 市场规模

据市场研究公司 newzoo 发布的《2024 年全球游戏市场报告》中的统计数据，全球游戏市场的整体规模达到 1877 亿美元。其中，亚太地区以 859 亿美元的年销售额领先，北美地区以 502 亿美元的年销售额紧随其后，而欧洲地区的年销售额则为 348 亿美元。全球头部销售区域的销售额分布占比如图 10.1 所示。所以对于国内自主研发（简称自研）的游戏而言，出海仍然存在较大的市场机遇。

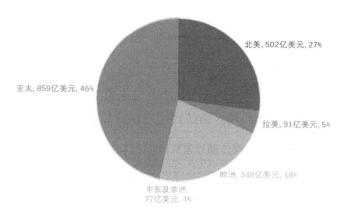

图 10.1 全球头部销售区域的销售额分布占比

10.1.2 区域划分

在海外市场，区域的划分方法多种多样。若从游戏销售市场规模的角度来考虑，我们通常可以根据经济发展水平进行划分，如将美国、日本、韩国等国家归为第一梯队。然而，在运营的过程中，还需要考虑到文化和语言等因素的影响，所以又可以按地缘区域进行划分，如东南亚、欧美、日韩等。

常见的区域划分维度如图10.2所示，此处主要以国家或地区的经济发达程度以及文化和语言为依据进行划分。在按照文化和语言划分时，需要进一步细化，例如东南亚地区由 11 个国家组成，在语言支持方面，游戏应覆盖中文、英语、泰语、印尼语、越南语等多种语言，以提升用户体验。

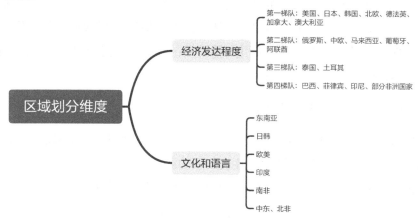

图 10.2 常见的区域划分维度

10.1.3 用户偏好

除了区域划分，在游戏实际发行前，还需要考虑不同国家和地区用户的喜好差异。这些差异主要体现在游戏的风格、题材或玩法上，因此对主要的国家和地区进行划分时，应从这些差异维度考虑。海外部分国家和地区的游戏用户偏好如表 10.1 所示。

表 10.1 海外部分国家和地区的游戏用户偏好

国家和地区	介绍	游戏偏好
欧美	整体消费能力强，更偏爱军事、欧美写实等风格	题材：奇幻、僵尸、战争、黑帮、枪械、赛车、球类 玩法：RPG、SLG、棋牌、超休闲偏多
日本	受漫画、轻小说熏陶，对于剧情要求较高	二次元题材更受欢迎，RPG 类占比最高，尤其是卡牌 RPG
韩国	本土游戏业发达，支持本土厂商口碑和 IP 的情怀浓厚，对游戏质量要求高，游戏行业竞争激烈	MMORPG、RPG、二次元、三国题材等比较受欢迎
东南亚	由 11 个国家组成，人口众多，买量成本低，付费能力也相对较低	整体题材、玩法与国内相似，二次元、仙侠、三国、宫斗题材更受欢迎
其他地区	例如中东、俄罗斯、土耳其等小语种市场，整体买量也较低	SLG 类型更受欢迎，更聚焦于大 R 以上用户的体验

10.2 海外发行模式

各个游戏发行商在发行模式和策略上各有千秋，但其核心运营框架基本相似。首先，他们会进行产品立项测试和用户市场调研，并选定样本区域进行测试和产品迭代；其次，他们会集中进行大规模（爆量）推广，以吸引大量用户；最后，他们会根据不同区域的特点制定精细化运营方案，以实现商业收益最大化。

海外发行模式的过程如图 10.3 所示。

- 预研期：核心目标是通过游戏内容测试来评估市场和玩家的认可度。例如在 Facebook 上投放部分素材进行游戏画风的测试，并观测用户的反馈；也可以在游戏社区中，通过问卷调查等方式来收集用户的反馈。具体的测试方案应依据实际情况灵活制定，以确保最贴近目标市场和用户群体的需求。

10.3 海外合规政策

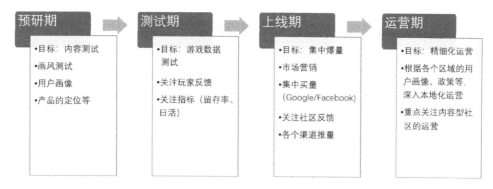

图 10.3 海外发行模式的过程

- 测试期：核心目标是在选定的样板区域进行游戏数据测试，以形成一套成熟、高效的运营策略。因为海外各区域在文化、语言、消费习惯、法律法规等方面存在差异，所以选择合适的样本国家非常重要。如果资源充足，也可以同时在多个样板区域进行测试。总之，测试期的核心目标是关注玩家的留存率和活跃度指标，同时收集玩家对游戏玩法、活动等内容的反馈和建议。

- 上线期：上线期是游戏开始正式面向市场发行的阶段，此时的核心目标是爆量推广。通过利用 Google/Facebook 等海外渠道来加大买量和推广力度，并在多个社交媒体平台制造热点话题，进而提高游戏的曝光度。此时，需重点关注新玩家增长和留存率的发展和节奏，以及付费转化指标。

- 运营期：核心目标在于实现长期的商业化盈利。大部分游戏发行的目标都是商业化变现，所以可以考虑与当地较为专业的团队联合运营，或者建立自己的本地化运营团队，以确保游戏的运营策略更符合当地市场需求，进而最大化付费变现的潜力。在此阶段，渠道推广、社区建设、运营活动、市场营销、用户运营等方面都将进入精细化运营阶段。目标是在实现预定的ROI指标的基础上，不断优化和迭代各个区域的运营策略，以持续提升游戏的商业价值。

10.3 海外合规政策

合规是游戏发行的生命线，也是必须严格遵守的运营底线。目前，各个国家和地区的政策法规存在差异，因此，游戏发行商应确保游戏内容和运营活动符合当地要求，尤其是在一些有宗教信仰的地区，游戏内容和运营活动必须避免触及宗教敏感问题。海外合规政策要点如图 10.4 所示。

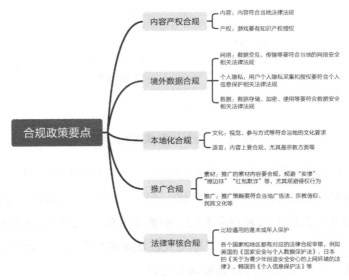

图 10.4　海外合规政策要点

从游戏长期运营的角度来思考，对合规政策的态度必须是严格遵守、避免违规，切勿抱有侥幸心理去试探法律的底线。一般游戏厂商会设立专门的合规团队，负责处理和审查各个区域的合规内容，确保游戏内容及运营活动符合当地法律法规的要求。

10.4　海外版本管理

海外版本管理的整体思路与前述章节中提到的版本管理逻辑是一致的，详细过程可以参考第 5 章。不过海外版本管理涉及多区域的版本发布。由于不同区域在文化、合规性以及玩家偏好等方面存在差异，加之外网反馈优化的问题也各不相同，所以如何管理多区域的版本发行节奏至关重要。当然，也有很多海外游戏为了减少多区域版本发布带来的资源消耗，会选择在多区域同时发布一个全球统一版本，以此减少研发成本、减轻版本管理压力。

某 MOBA 游戏出海的多区域版本管理框架如图 10.5 所示。其多区域版本管理框架由 3 条线支撑，分别是研发主线、发布线和区域运营线。

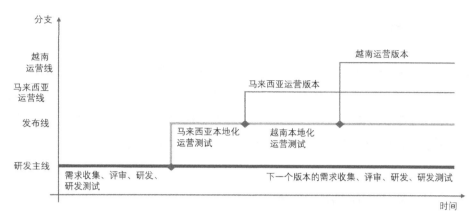

图 10.5 某 MOBA 游戏出海的多区域版本管理框架

- 研发主线：所有区域的游戏发行版本都基于一个统一的主线版本，如图 10.5 所示。主线版本涵盖了需求收集、评审、研发和研发测试。研发主线受到统一主线版本的控制，当一个版本的研发内容完成后，便可转入各区域的发布线，而主线版本则会继续下一个版本的需求收集、评审等工作，以保持研发节奏的连续性。

- 发布线：在主线完成一个版本内容开发后，可创建分支以开启特定区域的发布线，例如启动马来西亚线的本地化和马来西亚服的运营测试。一旦通过测试，即可在区域的运营线上正式发布版本。同样的方法也适用于越南等其他区域。如果运营团队资源充足，很多环节可以并行推进，以提高效率。

- 区域运营线：在完成本地化处理和测试后，发布线即可在对应区域正式上线。每个区域的运营团队会结合当地的情况，对用户、社区和活动等方面进行精细化运营。特别需要注意的是，每个区域的运营配置、本地化配置等都由专门的团队负责，需要独立进行管理。另外，各个区域版本的发布可以考虑在时间上错开，以便观察数据表现和外网稳定性等情况，例如当新版本出现重大问题时，这种做法可以限制问题的影响范围，并快速控制可能引发的舆论风波。

10.5 海外本地化管理

本地化是游戏出海过程中必备且核心的环节，关于游戏内容本地化管理的完整方法论，详见本地化管理相关章节。本节主要介绍海外本地化涉及的核心内容和避坑指南。

10.5.1 核心内容

前文的本地化管理章节已经系统地从内容本地化的角度出发，详细介绍了本地化的管理过程，其中核心内容包括文本、图片、配音等。内容本地化分为合规化内容、基础质量内容和高质量内容三个层次。如果从海外视角审视内容本地化工作，其范围不仅局限于内容本地化，还扩展到了支付管理、游戏内公告配置、游戏玩法功能体验，以及不同区域的风险规避等多个方面。

海外本地化的核心内容如图 10.6 所示。

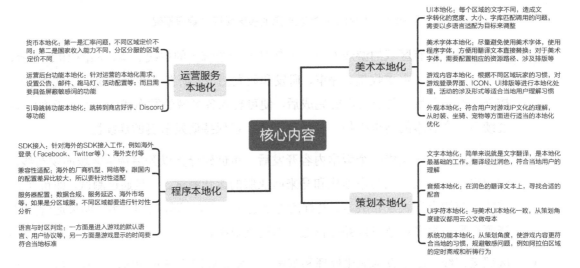

图 10.6　海外本地化的核心内容

- 美术本地化：从美术的维度进行符合当地审美的设计本地化工作，包括 UI 本地化、美术字体本地化、游戏内容本地化和外观本地化等。其核心关注点在于解决不同区域语言差异导致的兼容性问题。考虑到不同区域的文化差异，美术本地化都需要进行相应的本地化优化。

- 策划本地化：从游戏策划的维度进行本地化工作，包括文字本地化、音频本地化、UI 字符本地化和系统功能本地化等。其核心关注点包括文字翻译质量、配音质量和 UI 适配性等。另外，策划团队需要关注游戏内容的设计是否符合当地用户的习惯，是否涉及敏感内容等。

- 程序本地化：从程序开发的维度进行本地化工作，包括 SDK 接入、兼容性适配、服务器配置、语言与时区判定等。其本质是从研发的角度优化游戏性能，使其更符合当地用户的操作体验、支付体验、网络体验等。

- 运营服务本地化：从运营维度进行本地化工作，包括货币本地化、运营后台功能本地化和引导跳转功能本地化等。其本质是基于不同区域的语言、货币和平台等进行更符合当地用户需求的本地化优化工作。

10.5.2 避坑指南

多区域版本的本地化过程通常涉及各种各样的普遍性问题，其中有一些常见陷阱，具体如下所示。

- 对于多区域多版本发布的游戏，应尽量为每个区域单独构建一个独立的管理区，例如用文件夹来分别管理不同区域的配置文件、游戏代码版本、运营工具等，以避免一个运营事故对多个区域造成影响。

- 不同国家的语言在表达相同含义时，其语法结构和内容长度往往存在差异，所以需要单独适配对应的字符长度限制，切勿出现"一刀切"导致部分区域用户体验差的情况。

- 在程序开发中，应尽量少用美术字体，并尽量避免在图片中添加文字，所有的文字内容都不应采用硬编码的方式，而应通过加载配置文件来实现多语言适配。

- 在进行产品设计时，要考虑到不同区域文化对一些特殊元素的影响。例如在中国，数字"666"通常被解读为"非常厉害"，但在某些国家，这个数字可能被视为魔鬼的象征。

- 不同国家的时间、计量单位、日期和数字单位等都不相同，因此需要针对各个区域单独进行适配。例如在我国，数字通常按照个、十、百、千的顺序，以四位为一组进行分隔，而在许多其他国家，数字通常按照十、百、千的顺序，以三位为一组进行分隔。此外，某些国家的日期也并不按照年、月、日的顺序显示。

在实际运营过程中，我们也会遇到诸多问题，但海外运营的核心始终聚焦深入理解区域的特色文化、用户习惯和宗教信仰等。所以从发行与运营的角度出发，我们应致力于通过优化运营配置来解决大部分的问题，从而确保程序研发团队能够专注于实现读取和适配功能。

10.6 海外运营方案

海外运营方案与国内运营方案的原理是类似的,核心都在于找到用户、留住用户和实现商业化变现,其支撑模块都是用户运营、市场营销、数据分析和竞品分析等。由于单一章节难以涵盖所有的细节,所以本节从海外用户运营、海外渠道运营、海外社区运营和海外活动运营等方面来简要概括海外运营方案的核心要点。

10.6.1 海外用户运营

对于用户理解的拆分如图 10.7 所示。

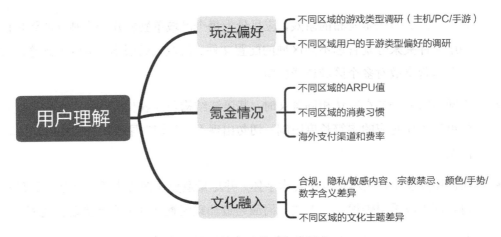

图 10.7　对于用户理解的拆分

- 玩法偏好:不同区域的玩家对游戏玩法偏好存在显著差异。例如,在欧美地区,玩家更倾向于 PC 和主机游戏而不是中重度手游。相较之下,日本市场对中重度手游的接受度较高。如果细分到具体的游戏类型,不同区域之间的差异就更大。例如同样是射击类游戏,欧美玩家更偏好公平竞技的 BR 类游戏,而日本玩家更偏好数值养成的射击游戏,因此前者在日本市场的表现可能不佳。又如某款宅系二次元游戏,在亚洲可能拥有非常高比例的男性玩家,但在欧美可能会吸引更多的女性玩家。
- 氪金情况:玩家在游戏中充值等支付费用的行为称为"氪金"。不同区域的经济发展水平和消费能力不同，其玩家的氪金能力差异也较大。例如美国、日本等区域的付费率非常高，目前美国手游用户的 ARPU 值高达 131 美元，日本手游用户的 ARPU 值高达 390 美元。此外，不同区域的消费习惯也不一样，例如东南亚、拉美等区域的用户更喜欢性价比高的小额礼包。此外，选择更符合当地用户支付习惯的支付渠道也是非常重要的，同时需要考虑到当地的费率情况。

- 文化融入：其本质是让海外用户感受到游戏与当地文化的契合，仿佛是为其量身定制的一样。文化融入的首要任务是确保内容合规，其中要特别注意隐私/敏感内容、宗教禁忌、颜色/手势/数字含义差异等内容。其次，游戏内文本、音频、视频、UI 界面等相关描述，应符合当地用户的阅读习惯。最后，游戏内容推广和活动运营可以和当地供应商合作，使其更具有本土特色。

10.6.2 海外渠道运营

海外渠道运营的思路与国内的类似，首先是分发渠道的运营，其次是买量渠道的运营，最后是内容渠道的运营。海外渠道运营的思路如图 10.8 所示。

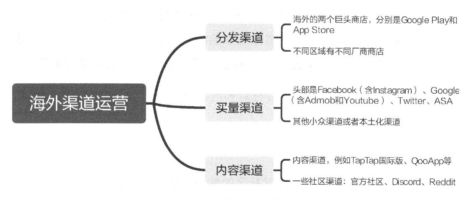

图 10.8 海外渠道运营的思路

- 分发渠道：海外的分发渠道与国内的不同，国内有许多头部应用市场或应用商店，而海外的核心平台是 Google Play。因此，针对 Google Play 商店上的评分和推荐等开展相应的运营活动尤为重要，这也是对游戏品牌的重要背书。此外，不同的区域也存在一些本地厂商分发渠道，在进行渠道运营时可以根据各区域的具体情况深入挖掘。

- 买量渠道：除了分发渠道外，买量也是海外获客的另一种重要方式。国内流量平台非常多，除了头部平台，还有非常多的垂直平台，买量效果也非常明显。在海外市场，买量的头部流量主要集中在 Facebook、Google、Twitter、ASA 等平台，且主要依赖于 Google 和 Facebook 两家平台。相较而言，Facebook 的起量时间更短，价格更低，且支持更多标签选项，所以一般游戏在上线期会优先选择 Facebook 推广。而 Google 的买量主要是通过机器学习的方式进行平台推荐，需要更长的时间来修正算法，但其流量覆盖面和展示形式相对 Facebook 更丰富，更适合用于冲榜扩量和后期的精细化运营。

- 内容渠道：海外内容渠道已经逐步崛起，其推广成本更低，获客更精准。从国内的形势来看，越来越多的游戏更愿意在内容平台，如 TapTap 上投入更多的资源来运营，从而获得更高的利润回报，海外也出现类似的趋势。此外，一些经典的海外游戏社区，例如 Discord 和 Reddit，也是获客的重要渠道。

10.6.3　海外社区运营

海外社区的运营思路与国内的类似，其核心目标也是向玩家提供一个与官方交流的平台，以及玩家与玩家交流的平台，旨在增强玩家的游戏体验，促使他们更长时间地留在游戏内。此外，通过社区的内容运营来提升游戏的曝光度，也是吸引新玩家的重要途径之一。

下文主要从海外社区平台分类、平台特点和内容规范等方面来介绍海外社区运营的基础知识。

1. 平台分类

海外社区相对于国内社区而言，官方社区的性质大致相似，但第三方社区平台的用户内容更加分散。除了海外主流的社区平台，例如 Facebook、Discord、Twitter 等，每个国家还有自己独特的社区或者社群，例如韩国用户常用的聊天软件是 KakaoTalk，而俄罗斯用户常用的社交网络平台是 vkontakte 等。

不同的国家和地区有不同的头部社区或社群平台，因此运营团队需要结合具体的区域特性和游戏的市场表现来决定投入的资源。通用的全球社区平台分类如图 10.9 所示。

10.6 海外运营方案

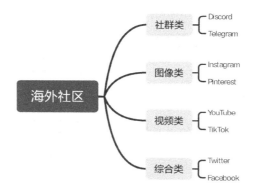

图 10.9 通用的全球社区平台分类

2. 平台特点

总体而言，海外游戏社区的运营策略与国内的社区运营方法是相似的，同样涉及用户运营、社区活动和内容运营。每个海外社区平台的侧重点各有不同，因此运营团队需要基于游戏的类型、用户画像和社区平台的特点来进行有针对性的运营。

海外游戏社区与国内游戏社区相比，也有明显的差异，主要包括以下两方面。

- 用户交流习惯：国内用户喜欢在私域空间聚集，讨论与游戏直接相关的内容，例如官方社群、公会微信群等；但海外用户更习惯于在开放社区交流，且用户的讨论多以 KOL 为核心展开。因此，在海外市场，对 KOL 的运营和维护显得尤为重要。

- 内容运营重心：国内社区更注重内容创作体系的搭建和 UGC 的产出，例如同人等二创作品的质量高且数量多；而海外社区的内容多为用户自发创作，其 UGC 产出低于国内社区。

在实际运营中，根据不同平台的特点和具体业务场景的需求，运营策略也会有差异。通用的全球社区平台特点和运营重点如表 10.2 所示。

表 10.2 通用的全球社区平台特点和运营重点

平台名称	平台特点	运营重点
Twitter	类微博资讯平台 强调话题标签 看重信息和趋势热点	官方公告和宣传口径 跟进热点话题 文案精简，搭配动图 与其他账号互动
Facebook	熟人社交分享工具 有社群功能 外部链接限流	物料宣发主阵地 社群建设

续表

平台名称	平台特点	运营重点
Discord	支持个性化聊天频道 游戏娱乐属性强 游戏用户活跃度高	游戏社群运营主阵地 核心活跃用户聚集地 玩家互动讨论 官方频道社区活动
Telegram	通用聊天社群 文件安全传输 内容推文为主	社群互动 发布官方攻略、版本或宣传内容等推文
YouTube	长视频为主 侧重知识分享和深度解析 注重视觉价值	适合宣传 CG、广告片 采访和深度游戏解析 高质量 KOL 内容产出
TikTok	内容流量平台，短视频为主 用户偏年轻，追求流行趋势 "病毒式"传播方式	适合有创意、有趣味的短片 内容简单易懂 需符合年轻人喜好
Reddit	贴吧类主题内容社区 用户投票影响内容排序	分享有益的信息内容 创作有趣、有深度的文章 创建游戏专属论坛阵地
Instagram	图片社交分享平台 "网红"属性强 以图片内容为主	适合 UGC 创作 同人等二创作品发酵地 图片、视频等有吸引力 分享内容需承载有效信息
Pinterest	视觉探索社交工具 生活方式中灵感收集和购买参考	重视图片质量 内容需贴近生活

3. 内容规范

在海外社区运营中，不同区域的合规要求不一样，所以发布的内容需经过严格的审核。下文列举一些在不同区域进行社区运营时均较为常见的禁忌内容。

- 发布的内容不能违反当地法律法规，不能涉及宗教、种族歧视，不能涉及政治敏感话题。

- 发布的内容要积极向上。禁止发布低级恶趣味内容和可能引起负面舆论的内容。

- 发布的内容不能超出游戏年龄限制，不可以过于暴力、血腥，不可以过于暴露、性感。

- 发布的内容不能涉及性别对立问题等非中立内容。

- 发布的内容必须符合游戏的风格，且不能存在违背游戏内玩法规则的内容。
- 发布的内容不能涉及抄袭问题，不能抱有侥幸心理使用官方未公布合作的其他品牌信息，并且要注意不能侵犯他人权益，如名人肖像权等。

10.6.4 海外活动运营

海外活动运营的整体思路与国内活动运营基本是一致的，差异在于海外的季节性活动有所不同，且不同区域的季节性活动也不一样。

据数据分析平台 GameRefinery 发布的《手游活动洞察报告》，在营收排名前 100 的海外手游中，90%的游戏都会推出季节性活动。数据分析显示，成功的季节性活动不仅可以吸引现有玩家，而且对拉新有很大的帮助。对游戏发行来说，季节性的活动中，用主题代币购买和从特殊宝箱中获得限时皮肤、角色、武器是活动的主要收益来源。从海外游戏市场的销售份额来看，美国和日本是两个头部区域，共占 50%左右的市场份额，所以下文以美国和日本的季节性活动为例来阐述海外活动运营的相关知识。

1. 美国的季节性活动

在美国的手游市场中，最重要的季节性活动通常包括新年活动、中国农历新年活动、情人节活动、复活节活动、万圣节活动、感恩节活动和圣诞节活动等。此外，还有一些其他小型季节性活动，例如美国独立日活动、丰收节活动、劳动节活动等。不同季节性活动的运营，给用户带来了不一样的体验。美国手游市场常见的季节性活动如图 10.10 所示。

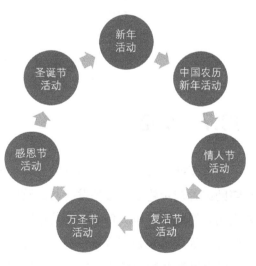

图 10.10 美国手游市场常见的季节性活动

2. 日本的季节性活动

日本的季节性活动虽然不如美国的多，但每个活动的时间节点和文化特色都十分鲜明。例如，在四月初，日本各地的樱花盛开，景象尤为壮观。游戏通常会借此时机推出与樱花主题相关的精美游戏道具和 UI 设计，以吸引玩家。此外，六月在日本被认为是吉祥的婚礼月份，当地流传着"六月新娘"将会迎来幸福美满婚姻的说法。因此，许多日本手游会在六月推出特别版的角色，角色通常身着新娘礼服、燕尾服或传统日式结婚礼服，以迎合这一美好寓意。

日本的游戏季节性活动主要以四大季节周期展开，分别是每年四月底到五月初的黄金周、三月末到四月初的樱花季、六月新娘和日本新年。日本的主要季节周期如图 10.11 所示。

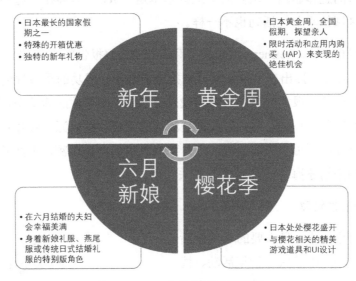

图 10.11　日本的主要季节周期

10.7　小结

本章概括了海外发行与运营的整体架构，系统地介绍了海外发行与运营的整体逻辑，旨在帮助读者初步建立对海外发行与运营的认知。首先从海外市场现状切入，介绍游戏出海是未来的必然趋势；其次介绍海外发行模式，概括海外发行与运营的常见节奏和流程；再次通过海外合规政策来强调合规是游戏发行与运营生命线，并通过介绍海外版本管理和本地化管理，引出运营开始阶段要做好项目管理的整体工作；最后介绍海外运营方案，指出海外运营过程中需要注意的事项和要点。